知的生きかた文庫

「朝型人間」の成功哲学

中島　孝志

三笠書房

はじめに●あなたも、思い切って「45分」早く起きてみませんか？

つみ重ねて、一週間、半年、一年…

その〝絶大な効果〟を成功者が証明しています！

昔から「早起きは三文の得」と言うが、早起きは「三文の得」どころではない。早起きはとてつもなく、大きなメリットがある。

とくにビジネスマンたるもの、「朝型人間」でなければまず成功は手に入れられない、と覚悟しておいたほうがいいだろう。

何も脅迫しているわけではない。

わたしは三万人近くの成功者に会ってきたが、成功する人はすべてがすべてと言っていいほど、「朝型人間」である。

詳しいケース紹介は本文に譲るが、少し思い浮かべただけでも、日産自動車をV字変革させた立役者のカルロス・ゴーンさん（毎朝七時過ぎにはオフィスに入っている）、トヨタ自動車の奥田碩《ひろし》さん、イトーヨーカ堂の鈴木敏文さんといった経済界のお歴々は、みな早起きで有名だ。少し古いが、「めざしの土光」と異名をとった歴史に残る第二次臨時行政調査会会長の土光敏夫さん（経団連・元会長、東芝・元社長）は午前四時起きだった、というではないか。

スポーツ界でも角界の朝稽古《げいこ》は常識であるし、あの長嶋茂雄さん、王貞治さんも現役時代、早朝練習を欠かしたことがなかったという。

日本を代表する各界トップクラスは、おしなべて「朝型人間」なのである。

ここまでいかなくとも、わたしの周囲でも、成功する人材はみな「朝型人間」だと言っても過言ではない。

たとえば、長年、朝の時間を使って株式投資の勉強を続けてきた知人は、いまやほんの小遣い銭を元手に毎月、コンスタントに儲けている。これもマーケットが開く前に、朝、どの銘柄に投資するかを研究し、判断しているのである。証券会社が調べたところ、「ここ数年のパフォーマンスは年率二百五十パーセントにもなる」というのだから、もはや、株式投資のプロと言ってもいいだろう。

いやいや、もっと身近に格好の人物がいる。わたしの兄だ。子持ちのビジネスマンとして、仕事と家庭を両立させながら、朝、出勤前の数時間を司法試験の勉強に集中し、とうとう弁護士資格を取得してしまった。

少し見ただけでも、「早起きは三文の得」どころではないことが、おわかりいただけると思う。

「いや、この人たちは特別で、わたしなんか無理ですよ」と卑下することはない。あなただって、必ずできる。

いったい、どうすればできるか？

そのノウハウを徹底的に勉強しようというのが本書の目的である。

最初に断っておくが、「とてもじゃないが、こんな朝の使い方、誰ができるの？」といった非常識な方法、スーパーマンだけにできそうな方法を紹介しようとは思わない。

誰でもできる、楽しんでできる。思わずやってみたくなる。そんな朝の使い方をたくさん提案していこうと思う。

幸いなことに、いまは不況であり、リストラの嵐が吹き荒れている。「幸い」といった意味は、いまなら勝ち組のビジネスマンとして、「あなた自身の構造改革」に本気で取り組むことができると思うからである。

そう、いまほどビジネスマンに、「構造改革」が必要な時代はないのである。釈迦に説法を承知で申し上げれば、自ら、構造改革するためには、まず意識を変えなければならない。

意識が変われば、行動が変わる。

行動が変われば、習慣が変わる。

習慣が変われば、成果が変わるのだ。

「頭ではわかってるんですけどね。いかんせん、方法論がわからないんですよ。いったい、どんな習慣、どんな行動をすればいいいんでしょうか?」

こういう人は少なくない。はてさて、どういう習慣をものにすれば、成果を必ずゲットできるのか?

ズバリ、答えよう。

だからこそ、いま「朝」を上手に使いこなさなければダメなのだ。

なぜか？

回答を言う前に、少し考えてもらいたいことがある。あなたにとって、一日のうちで本当に自由にできる時間はいつだろうか。何時から何時までの間だろうか。

夜だろうか？

いや、ビジネスマンたるもの、仕事が終わっても同僚や上司、あるいは部下たちとのつきあいも少なくないだろう。職場の人間関係の潤滑油のために赤提灯《ちょうちん》をくぐることも少なくないと思う。もちろん、残業もあるだろうし、得意先への接待もあるはずだ。

酒が入って、電車に揺られて帰宅して、さて、いったい何ができるというのか……。そういう意味で、残念ながら、夜は翌朝までたっぷり時間があるように見えて、実際にはほとんど使えない時間なのである。

では、昼はどうか？

自由業ではあるまいし、ほとんどのビジネスマンは「仕事モード」でフル回転していることと思う。参考までに、自由業という意味は「時間だけは自由になる職業」という意味なのだ。

夜もダメ、昼はもっとダメ。

となれば、後は朝しかないではないか。そこで先に提案したように、「朝の時間」にもっと熱い視線を送ってほしいのである。

たとえ、夜、くたくたに疲れて帰ってきても、朝にはリフレッシュしているからエネルギーはすっかりチャージできている。だから、一時間とは言わない、四十五分でいい。

四十五分と言ったのは、こういうことだ。ある調査によると、十五分あれば、小さなことならまとまった仕事なり、勉強ができるという。わたしも経験ずみである。それが三十分、四十五分となると、かなりまとまったことができる。

せっかく早起きを決意したのだから、最初は少々辛くとも思い切って四十五分早く起きてみる。早起きは習慣の問題だから、すぐに慣れて苦でなくなる。仕事でも勉強でも、四十五分の成果は大きい。それが一カ月、半年、一年、二年……とつみ重ねれば、驚くべき成果を手にできる。

たった四十五分、されど四十五分、だ。

誰にも干渉されずに集中できる「瞬間」を堪能できるのだ。これを逃す手はない。

ビジネスマンにとって、唯一と言ってもいい自分の時間を持てるチャンスは「朝」しかないのである。


具体的なアイデア、方法などはおいおい本書のなかで紹介するが、あなたがいままで行なってきた「朝の過ごし方」をすっぱり捨てると、いったい何が生まれるのか、ポイント中のポイントを先に紹介するとこうなる。

①朝の時間を戦略的にデザインする。
②何となく消費してきた朝の時間を効率的に活用する。
③朝の時間を「投資」と考える。
④夢（野心）のない朝を夢（野心）のある朝にする。
⑤成功に向かってジャンプできる朝にする。

わたしは本書で、早起きは辛い……のではなく、早起きが楽しくなる方法をたくさん提案しようと思う。読み進めるうちに、あなたがいままで知らず知らずのうちに過ごしてきた「朝の時間」ががらりと変わるはずである。

早い話が、「朝の時間」に革命が起こるのだ。

ビジネスマンの成功とは、「朝の時間」四十五分の有効活用にある。朝を制するものは仕事を制し、人生を制し、そして成功を勝ち取るのである。

「朝型人間」の成功哲学——目次

1章 あなたの人生を変える「45分の魔法」

2章 「朝型人間」だからできる奇跡の仕事術

3章

出勤前にできる〝超効率〟勉強術

4章 「朝型人間」が〝お金持ちになる〟法則

5章 あなたのマンネリ習慣を大改造する「科学的方法」

1章

あなたの人生を変える「45分の魔法」

〝できる〟と感心させる人――それは決まって「朝型人間」だった！

仕事柄、いままで三万人以上の経営者、ビジネスマンと会ったが、そのすべて、全員と言っていいほど、成功している人はみな「朝型人間」である。

たとえば、三十代半ばで独立し、以来、十年間必死に走り抜き、ようやく株式公開にこぎ着けた友人など、夜遅くまで飲んでいても、必ず翌朝七時半にはオフィスで仕事をしていた。前日、あれほど正体を失うほど飲んでいたとしてもである。

居酒屋で手帳をなくすこと十数回、眼鏡や、ケータイを忘れること数えきれず。社員からは呆《あき》れ果てられているが、唯一、こんな男にも「おっ、なかなかやるな」と評価を高めることがあった。

それが朝型人間ということなのだ。どんなに遅くまで飲んでいても、疲れていても、翌朝にはさっぱりと出社する。このタフさ、頑張り加減が周囲に一目置かせるのだと思う。これは経営者として、事業に賭ける執念でもあるだろう。

逆に、いつも午後から悠長に重役出勤、という経営者がいたらどうだろうか。「早く、俺もあぁいう身分になりたいな」と考える社員はいないだろう。「この会社、いつまでもつだろう」と、転職先を探しはじめるに違いない。

いまどき、夜遅くまで遊んでいられる経営者はいない。率先垂範、経営者は社員にとって鏡にならなければならない。だから、誰よりも知恵を出し、汗を出し、働かなければならないのだ。そんな姿に共鳴して、人はついてくるのだと思う。それがひと昔前の重役出勤では、誰もついてこないだろう。

もちろん、朝型人間で成功するのは経営者ばかりではない。二十代、三十代の若手社員でも成功する人、成果を上げている人はみな一様に朝が早いのである。

たとえば、営業マン。

わたしは本業が経営コンサルタントだが、某流通企業、某投資会社に行くときは、たいてい七時半には社長室にいる。なぜ、こんなに早いかと言うと、それだけ経営者の一日が早くスタートしているからである。

ところが、わたしが社長室に入ると、もうすでに先客がいるのである。これが、決まって営業マンなのだ。

「じゃ、社長。明日、契約書、届けますから、よろしくお願いします」

自動車や生命保険の営業マンである。いったい、この営業マンは何時から働いているのか、あまりに不思議に思ったので聞いてみたことがある。

「朝五時に来い、と言われれば朝五時に来ますし、夜中の一時に来いと言われれば、その時間にうかがいます。すべて、お客さん次第です」

「フル・コミッションなの?」と聞くと、「いや、そうじゃないです。フルコミならもっと働きます」とのこと。

独立事業主だから、夜討ち朝駆けも覚悟の上と考えていたら、一蹴されてしまった。

「朝早く動けば、それだけ先手をとれますからね」

なるほど、これはよくわかる。わたし自身、営業マンの経験が長いから実感できる。

わたしは二十六歳から三十三歳まで法人営業を担当していた。単行本や雑誌、教育ビデオといった商品を大手企業にセールスして歩く仕事だ。きついノルマ達成のために、毎朝八～九時には先方のオフィスを訪問するようにしていた。これは一日の訪問軒数を少しでも増やしたいから、得意先の始業時間に合わせたのである。こうすれば、一軒でも多く得意先を回れるではないか。

もし、朝、出社してからオフィスで悠長にコーヒーでも飲んでから、さぁ、得意先回りでもするかというのでは、とてもノルマは達成できなかったと思う。

営業マンにとって、朝、どれだけ早く動けるかがビジネスの成功、あるいは失敗を決めてしまうものなのだ。

〝デジカメ〟が証明した、早起き営業マンの〝成功法則〟

それによく考えてもらいたい。

遅刻ぎりぎりで飛び込んでくる人と、始業時間にはすでに仕事モードに入っている人間とでは、いったいどちらが戦力としてパワーがあるだろうか？

ぎりぎりタイプだろうか？

「そう思う。ぎりぎりまでゆっくりしてたから、これから頑張れる」と考える人はいないだろう。「やっぱり、ばりばり仕事モードのほうだ」という人がほとんどである。

車ですら、スタートの前にはエンジンをアイドリングさせたほうが、スムーズにパワーが出るのだ。まして、人間。機械以上に準備が必要ではないか。

「ボクは飲んだ翌朝に、いつもより早く出社する人材を信用するね。ぎりぎり出勤など信頼できないし、まして、遅刻するくらいなら休んでもらったほうがよっぽどいい」と言う経営者がいた。同感である。「始業時間ぎりぎりに飛び込んでくるなんて、やる気が疑われる」と思うのはわたしだけではあるまい。

実際、社員の遅刻は、たんなるミスで済まされない。精神が弛《ゆる》んでいる、やる気がない、という個人的な悪弊だけではなく、「良貨は悪貨を駆逐する」のたとえどおり、チーム、組織、会社を蝕《むしば》むことにつながっていくのだ。

たとえば、こんなケースが知人のアメリカの販売会社であった。

営業マンの出社がどんどん遅くなるにしたがって、業績は下降線をたどっていった。出社が遅くなるに比例して帰りは遅くなるから、トータルの労働時間に何ら変化はない。しかし、「営業マンの出社が遅い」という事態を重く見た社長は乾坤一擲《けんこんいってき》、こんな対策に乗り出したのである。

いったい、どんな手を打ったか。

なんと、デジカメを用意して朝から職場をばしばし撮ったのである。八時、九時、十時、十一時、十二時というように一時間ごとに時間を区切って撮影する。そして、その写真を社内の掲示板に貼り出したのだ。

こうなると、八時に出社している営業マンは誰か、九時は誰か、十時、十一時、十二時は誰かといったことが一目瞭然である。

これでいったいどうなったか。

それまで出社が遅かった営業マンが、どんどん朝早く出社するようになったのである。それにしたがって、業績は上向いていった、というわけである。

なぜか？

セールスという仕事は先手必勝だから、朝が勝負なのだ。朝、昼、晩と全体で同じ時間だけ働けばいい、というものではない。朝、どれだけ顧客と会ったか、どれだけプレゼンできたか、どれだけ動いたかで業績が決まるのだ。

朝の重要性を熟知するたたき上げの社長だからこそ、営業マンを「朝型人間」に変えれば必ず成功する、と踏んだのである。

全員"15分前"出社で、業績が180度好転した会社

ビジネスマンにとって、朝の失敗は午後に取り戻せるが、午後の失敗はその日のうちにカバーすることが難しい。だからこそ、仕掛かりを早くすることがビジネスでは重要なのだ。

たとえば、日本電産という一兆円企業がある。京都に本社をかまえ、創業者の永守重信さんはM&Aの仕掛け人としても注目される人だが、新たに企業を買収し、再建しようとしたところ、そこの従業員がまったく「朝型人間」ではなかった。

というのも、始業時間ぎりぎりに出勤し、ロッカーで作業服に着替え、現場に出てくるときには、もう八時四十分になっている。それから工作機械にスイッチを入れると、寒い日などは十五分程度の慣らし運転が必要だから、実質的に作業が始まるのは九時ということになる。

この間、従業員たちはどうしているか?

煙草をのんびり吸っているだけだったそうだ。しかも、終業時間が近づいてからがもっとひどい。なんと、四時半には機械を止めてしまうのだ。定時の三十分前である。

これが常態化していたのである。結局、実作業の前後で合計一時間の無駄があるわけだ。塵《ちり》も積もれば山となる。一日八時間就業のところ、毎日一時間ずつ機械が動いていなかったのだから、生産性は少なくとも八分の一は低かったはずである。これで会社がおかしくならないはずがない。

どんな経営者が再建にとりかかっても、普通の状態に変えただけで、今日からすぐに八分の一は生産性が向上するはずである。

永守さん自身、こんなことを話したという。

「彼らにお願いするのは、簡単なことばかりでした。毎日出勤してくれ、出勤時間を十五分早めてくれ、着替える前に機械に電源を入れ、空き時間に掃除をしてくれ、五時まで作業をしてくれ、ということでした」

これだけやれば必ず黒字になる、と請け負ったという。

もちろん、買収先の従業員は信じない。

「そんな簡単に黒字になるなら、誰も苦労しない」と猛反発したそうだ。

「騙《だま》されたと思ってやってくれ。一年後に好転しなければ、君たちが早出した分はわたしのポケットマネーで払うから」

しかし、いままで一度も払ったことはない。業績が好転しているからである。

はっきり言って、ビジネスマンたるもの、「朝型人間」にならなければ負けである。

わたし自身、顧問先などで新卒、中途を問わず、社員の採用面接にアドバイスを求められるが、「朝型人間かどうか」という点だけを徹底している。

「何日も徹夜ができるという人間も、必要ではないですか？」と反論されることもあるが、「では、徹夜明けは昼から出社してもいいんですね、この会社は？」と聞くと、何も言わなくなる。徹夜は徹夜。だが、徹夜するより早出して仕事をすべきだ、と思う。わたし自身、そうしてきたが、それに関しては後で詳述したい。

企業経営では先がまったく読めないのだ。それだけに、仕事は前倒しでどんどん先に処理したい。となると、後でいくらでもできるという「夜型人間」よりも、さっさと対処できる「朝型人間」のほうが重宝するのである。

とりあえず〝45分〟、それだけで人生が変わる！

「朝型人間」といっても、何も二時間も三時間も早く起きろ、というわけではない。わずか一時間、いや、四十五分早起きするだけで十分である。

わずか四十五分だが、これだけの時間が夜の三時間、四時間に相当する価値を持っているのだ。

たとえば、朝四十五分早起きするだけで、ぼんやりした頭でバスや電車に乗らなくて済む。もちろん四十五分あれば、朝食だってゆっくり落ち着いてとれるではないか。

知人の経営者など、朝、出社してまずやることは、なんと社員の顔を一人ひとりじっくり眺めることだそうだ。

「いったい、何のために？」と聞くと、その答えがふるっている。

「朝食もろくにとらずに出社するようなやつは、精気のない顔をしてたり、逆立った髪の毛すら手入れせず、ぼんやり頭で午前中はまったく使い物にならない。こんな人間に午前分の給料など払いたくない。だから、ボーナスでごっそり引くんだよ」

なるほど、毎朝、社員の顔を見てチェックしているというわけだ。

ところが実際、年二回の査定の結果を見ると、決まってそのぼんやり頭たちは評価が低いのだ、という。社長が経験則的につかんだノウハウと、客観的なデータに裏打ちされた人事考課が同じとは面白い一致ではないか。

やはり、「朝型人間」かどうかは評価、すなわち、仕事の成果と相関関係があるのだ。

たしかに、「朝型人間」は仕事ができる。だから、評価が高くなるのも当たり前のことである。評価が高くなれば、黙っていても、結果としてどんどん大きな仕事を任される。仕事は人間をつくるから、仕事とともにますますビッグになっていく。もちろん、収入もポストもうなぎ登りであることは間違いない。

社長がこんな調子だから、この会社では、態度を改めて「朝型人間」にならない限り、ぼんやり頭たちは永遠に昇進のチャンスはない。早く気づけば、給料も増えるし、昇進だっていくらでもできるというのに残念なことである。

もし、彼らがわずか四十五分早起きできれば、目はぱっちり、頭はすっきり、フル回転で仕事ができる。何より、この四十五分は惰眠を貪っている限り、何の生産性もないけれども、この「誰にも邪魔されない四十五分」を有効に活用すれば、仕事、勉強、投資、趣味道楽、研究、スポーツ、介護、子どもの教育へと、いくらでも生産性ある実利を手に入れることができるのだ。

何より、早起きはすっきりして気分がいいではないか。

だから、わたしは朝が大好きだ。朝の空気は昼や夜よりも格段に澄んでいる。これは夜中から朝にかけて水蒸気が蒸発し、朝陽を浴びて空気が浄化されるからである。朝陽（ご来光）を拝む人はたくさんいるけれども、夕陽を拝む人間がいないのはそのためだ。

すっきりした朝だから、心もすっきりと落ち着く。それが証拠に、早起きの不良、早起きのやくざ、早起きの犯罪者など聞いたことがない。早起きは人間の心をも浄化させるパワーを持っているのである。だからこそ、鬱《うつ》病など、心の病で悩む患者さんを「朝型人間」に変えて効果を出している精神科医もいるほどだ。

朝は自然とポジティブになる。朝から不機嫌な人などいないのだ。

「ボクは低血圧だからダメです」

これはウソである。低血圧と朝の不機嫌は関係ない。「朝が弱い」ということも関係ない。低血圧ならば、朝だけではなく、昼夜も弱いはずである。

「気分が落ち込んでいる。精神が弱い、意志が弱い」という人は、ぜひ「朝型人間」になってはどうだろう。「朝型人間」になれば、心が軽くなる。夜は陰、朝は陽だから、ポジティブ・シンキングにもうってつけである。

わたしは学生時代、アルバイトで受験塾をしていたが、とくに浪人生に勧めたのは、とにかく「朝型人間」の生活パターンへ変えてみろ、ということだった。当時、受験生にとって深夜のラジオ講座はものすごく人気があったが、それらもすべてテープに録らせて朝、聞くように指導した。

なぜか。朝の勉強に慣れなければ、受験で不利だからである。試験の時間帯を考えてみてほしい。朝から昼にかけてではないか。夜間大学でも、試験は朝から昼である。「ボク、夜型なものですから」といくら言い張っても、夜中に試験など絶対にやってくれない。もうこの時点で「夜型人間」は「朝型人間」に負けているのである。

翻って、ビジネスマンはどうか。

「ボクの仕事は深夜です」という人は「夜型人間」でもいいだろう。だが、「朝から仕事があるんです」というならば、ぜひ、「朝型人間」にならなければ負けてしまう。

朝、わずか四十五分早起きしただけで、評価は上がるし、給料も上がる。ポストも仕事もどんどんグレードアップする。そればかりか、気分が落ち着き、ゆったり余裕を持った生活ができる。勉強だって、趣味だって、投資だって、朝の時間を使っていくらでもできるのだ。

たかが四十五分、されど四十五分である。わずか四十五分の早起きで、これだけ美味しい生活が実現できるのだ。ぜひ、軽い気持ちで「朝型人間」にトライしてみてほしい。

あなたはどれ？〝目が輝く時間〟でわかる人間の3タイプ

人間には大きく分けて、「朝型人間」と「夜型人間」がいる。

健康医学の第一人者である有川清康さん（医学博士・米国国際学士院大学副学長）によれば、体質によって人をS型（Sympathetic Nerve）、P型（Parasympathetic

Nerve)、M型（Medium）の三種類に分けている。以下のとおりである。

①S型＝「朝型人間」タイプ

たとえば、夜はさっさと就寝し、夜明けとともに目が覚めるという「S型人間」である。

このタイプの特徴はえてして高血圧で、男性ならハゲる傾向にあるという。食欲が旺盛で、体格的には首が太い。性格は積極的、行動的で、人前に出るのが好きで、何か心配なことがあっても一時的には落ち込むことがあろうと、一晩眠ればケロリと忘れてしまう。早い話が、ネアカ人間である。

こういうタイプは朝の目覚めが早く、しかも目が覚めるとベッドでじっとしていることができない。

②P型＝「夜型人間」タイプ

これに対して、夜はめっぽう強くて徹夜も厭《いと》わないが、早起きは大の苦手という人間が「P型人間」である。

このタイプの特徴はS型人間と対極にあり、低血圧で白髪傾向。首が細くて、いくら食べても太らない。生来、胃腸が弱く、性格的には消極的で思索型。どちらかといえばネクラ人間である。そのため、何か心配なことがあると、いつまでも気分が晴れない。人前に出るのが苦手で、午前中は頭も身体もぼんやりしている。

ところが、これが夕方になるととたんに目が輝き出す。「五時から男」と言っていいかもしれない。

ほとんどの人間はこの二つのタイプに分類することができるが、もう一つ、「M型人間」というタイプがある。

③M型＝十万人に一人のスーパーマン・タイプ

これは朝にも強く、夜にも強い。まるで、いつ寝ているかわからない、というスーパーマン・タイプである。

「わたしは一日三時間しか寝ていない」というナポレオンがそうだったかもしれない。さすがに、こういうタイプは、十万人に一人といった程度だという。

さて、「朝型人間」には「朝型人間」にうってつけの仕事があるし、「夜型人間」にも同様にあるはずだ。「朝型人間」が夜型の仕事をしたり、生活をしていたら能率が悪いだけではなく、いずれ身体に不調を訴えることになろう。「夜型人間」が朝型の仕事をするケースも同様である。

「朝型人間」は朝型、「夜型人間」は夜型の生活パターンを展開することが、もっとも効率いいのである。

だが、留意すべきことは「朝型人間」のほうにメリットが多く、「夜型人間」はデメリットのほうが多いという現実である。現代社会は「朝型人間」にメリットが多いのである。それだけに、もし、あなたが自分の勘違いや誤った生活で「夜型人間」になっている場合には、ぜひとも「朝型人間」に変身することをお勧めしたい。

「朝型人間」になれば、少なくとも10の〝得〟がある！

朝は便利である。

これは日本のみならず、世界的に当てはまることだ。

たとえば、従来からホテルや喫茶店ではモーニング・サービスがあったし、料金自由化を契機にモーニング・フライト（航空会社の早朝割引）という制度もできた。そう言えば、結婚披露宴でも午前中の早い時間には割引がある。

最近では、デフレ経済を反映してか、スポーツクラブや語学教室もモーニング会員といった特別割引を行なっている。こうなると、「朝型人間」はデフレ経済の恩恵を最大限に利用できると言ってもいいだろう。

「早起きは三文の得」と言うが、いまの時代、「朝型人間」は三文以上のメリットがあることは確実である。

もちろん、ビジネスマンとしてのメリットはほかにもたくさんある。

たとえば、どんなに忙しいビジネスマンでも、朝だけは何とか自由になる。「朝はオフ・ビジネス」と心得ているから、秘書も午前八時前にはアポを入れたりしない。あまり早く社長を出社させると、自分の首を絞めることになるかもしれないからだ。同様の理由で、得意先がアポを指定するのも早朝は少ないはずである。だから、朝は自分のデザインどおりに仕事も趣味も勉強もできるというわけだ。

しかも、朝の商談、打ち合わせ、会議はさっさと終わる。アルコールが入らないから、「梯子《はしご》」することもないし、何より後の予定がつかえているから、さっさと話を進めないと滞ることになる。だから、お互いに朝は意思決定が早いのである。

本当に大事な会議は始業前にしてしまうことも一理ある。

たとえば、顧問先に不動産業を営んでいる会社がある。この会社も株式公開を目前にしているが、ここでは役員会議をほぼ毎日行なっているのだ。わたし自身が参加することもあるが、会議の時間は朝七時から八時半までと決まっている。

すなわち、社員が出社する前に幹部は打ち合わせをしたり、会議を行なっているのである。

これも後がつかえているから、自然と時間どおりに結論が出てくるし、何より会議内容の密度が濃い。本来なら、もっとゆっくりできるはずなのに、毎朝、早くから会議をしているのだ。そんなにまでして出てくるのだから、少しでも生産性のあるものにしたい、という考えが社長以下、幹部には備わっている。

これに付随して、思わぬメリットがもう一つある。

翌朝も早いとなれば、前日の夜に無理することがない。酒席も自然と控えたり、切りを早めることになる。これは健康管理を考える際、大事なことだ。おまけに早朝の電車は空いているから、ラッシュ・アワーに遭遇することもない。

「朝型人間」の会議は、いいことばかりではないか。

以上、見てきたように「朝型人間」のメリットがたくさんあるが、整理すると次のような項目が浮かんでくる。

①仕事でも勉強でもスタートを早く切れる。
②アクシデントで中断しても、後で時間を取り戻しやすい。
③「朝一番」はアポがとりやすい。
④ラッシュ・アワーに遭遇しないで済む。
⑤夜のつきあいはアルコールなど、コストが余計にかかる。
⑥早朝は何でも安い（逆に、夜は高い）。
⑦深酒や夜更かしなど、健康を害する機会が多い。
⑧テレビ番組でも、朝は勉強的な色彩が強い（夜は遊び、娯楽的である）。
⑨朝早く起きると一日が長い。
⑩朝は生産性が高い。

「朝型人間」のメリットは、時間がたっぷりあるということだ。

これが、どれほど精神的にいいことか、とくに時間の余裕は落ち着きを与えてくれる。わたしのような仕事をしていると、「夜なら静かで筆が進む」という人は少なくない。しかし、その意味では早朝だって静かなのである。それが証拠にわたしは四時起きである。だとしたら、眠い夜よりはさわやかな朝のほうが効率いいに決まっている。

要は慣れなのだ。

「後にずらす」のは本人の自由である。しかし、「先にずらす」ことも考えてみて損はないと思う。

〝さっさと寝る〟ことで、むしろ仕事は「効率化」する

さて、「朝型人間」のメリットはたくさんあった。では、「夜型人間」の場合はどう

なのだろうか。

「夜型人間」のメリット（アドバンテージ）と言えば、まず、徹夜に強いということがあげられるだろう。ぎりぎりのぎりぎりまで追い込まれている人間にとっては、ものすごいメリットである。

というのも、ビジネスマンたるもの、いざというとき、徹夜で仕事をしなければならないことは少なくないからだ。わたしはいまでもたくさんあるし、あなたもそうだと思う。

たとえば、二十代のとき、翌日、提出すべき企画書がなかなかできず、とうとう徹夜してしまったということが何回もある。法人営業をしていたときも、ノルマ達成のための売上見込みがどうしても立たず、会社四季報を何度もチェックしながら対策を考えたことがある。「明日はプレゼンの本番」というときなど、朝まで何度も練習したものだ。

いまでも、単行本の書き下ろしなどで、「あと四十枚足りません」と編集者から言われると、「明日の朝までにはメールする」と徹夜を覚悟したりする。

このとき、「朝型人間」は朝は強いが夜はからっきし弱いから、午後九時を過ぎるとあくびが出てきたり、目がトロンとしてきてもう仕事にならない。十時を過ぎるころになると、もう完全に頭も身体もすっかり止まってしまう。

わたしのような「朝型人間」はどうするか？　眠たくなったら冷たい水で顔を洗うか、足に針を刺しながら仕事をするのか？

いや、そんなことはしない。さっさと寝てしまうのである。いったん寝る。そして、朝早く起きる。つまり、突然のアクシデントがあろうがなかろうが、自分のリズムを崩さないのだ。

「それで間に合うのか？」

「寝過ごしたらどうする？」

ご安心あれ。実は寝ながら考えるのである。「どうすれば、売上計画を少しでも詰めることができるだろう？」「ここにはあの話を入れたら面白くなるかも」という具合である。

早い話が、何をすべきかということは寝ながら対策を考える。実際の作業は起きてからする、という方法である。机に向かって考えるか、ベッドのなかで考えるか。その違いだけなのだ。

実は、「徹夜が得意」ということは自慢にも何にもならないのだ。「計画性のなさ」をさらけ出しているに過ぎない。徹夜さえしていれば、「ハードな仕事に自分はいま耐え抜いている！」と一人勝手に酔っている、と言っては言いすぎだろうか。

ヒトラーが「夜型人間」だったから、ナチス・ドイツは滅びた!?

「夜型人間」と言えば、条件反射で思い出す人物が一人いる。

アドルフ・ヒトラーである。ナチス・ドイツの総統だ。彼は睡眠薬を手放さなかったと言われるが、そのシーンが『史上最大の作戦』という有名な米人気映画にも描かれている。

アメリカを中心とする連合国軍側は起死回生の作戦として、フランスのノルマンディに軍隊を上陸させる作戦に出る。決行時刻は午前六時三十分。司令官はその後、大統領に就任するアイゼンハワーであった。

この作戦によって、それまで圧倒的に有利だったナチス・ドイツは決定的な敗北を喫し、その後、崩壊へと総崩れしていくのだ。

さて、ヒトラーの大本営では午前五時三十分には、「フランスに連合軍が上陸する動きがある」という第一報を受け取っていたのだ。

このとき、あなたならどうするだろうか?

「すぐさま報告し、判断を仰ぐ」

これが正解である。ところが、彼らはそうしなかった。

なぜだろう?

帝国の崩壊へとつながるかもしれないのに、どうしてすぐに行動しなかったのだろうか?

それは、ヒトラーが「夜型人間」だったからである。側近たちは報告したくてもできなかったのだ。睡眠薬を飲んでヒトラーは、午前四時に愛人エヴァ・ブラウンとともにベッドに入ったばかりであった。

睡眠薬で寝入った人間を起こすことはできない。たとえば、医師をしている友人など、乗り物全般に弱く、とくに飛行機は大の苦手。それでも学会などで、ロスやニューヨークに行かざるを得ないこともある。そこで、搭乗の際に必ずハルシオンという睡眠薬を常用するのだが、その際、いつも覚悟を決めるという。

「これを服用したら、後は運を天に任すしかない。何があっても、効いている間は起きられないからな」

ヒトラーも同様だったに違いない。側近たちもそのことはよく知っていた。最後の最後まで報告すべきかどうか迷ったあげく、睡眠薬が切れる午前中いっぱいまで待つことにしたのだ。

映画でもこの場面はものすごく印象的であり、「一国の運命というのは、こんなにくだらないことで決められてしまうのか……」というセリフはいまだに覚えている。

結局、「連合軍上陸！」という重大情報がヒトラーに伝えられたのは、連合軍総司令部が侵攻作戦開始の公式コミュニケを発表した後。すなわち、午前十時であった。

もちろん、ときすでに遅く、これを知らされたヒトラーは錯乱して絶対に信じようとしなかったという。たしかに、前夜のノルマンディは天候が悪く、とても上陸できる状態ではなかったのである。だが、この悪天候の瞬間を突いて敢行するように会議を導いたのが、アイゼンハワーだった。

この作戦がヨーロッパの戦局に及ぼした影響は甚大であった。フランスでは、敗北を宣言しナチス・ドイツの軍門にくだったフランス・ビシー政権から、ドゴール率いる自由国民政府が息を吹き返す、英国ではチャーチルの快進撃が始まることになる。

歴史に「ｉｆ」は禁物だが、このとき、ヒトラーに第一報がきちんともたらされたとしたら、おそらく、その後の戦局はがらりと変わっていたはずである。もしかすると、この「史上最大の作戦」は失敗し、フランスに続いてイギリスも降伏していたかもしれない。もちろん、ドイツ、イタリアと三国同盟を結んでいた日本はアメリカを倒していたかもしれない。

すると、戦後日本を彩ったさまざまな文化、たとえば、民主主義、ジャズやプロレスなどもなかったかもしれない。

ナチス・ドイツを敗北に追い込んだノルマンディ上陸作戦。その成否が実は敵の指導者が「朝型人間」か「夜型人間」かで決まった……とは真実の裏面史として興味深い話である。

人は誰しも「朝型」として生まれてくる!

なぜ、「朝型人間」にとって早起きはパワーの源泉なのか?

生理学的に言えば、ホルモンとの関係なのだ。人間の体内時計を安定させているホルモンには次の二つがある。

①アドレナリン（副腎髄質から分泌されている）。
②コルチコイド（副腎皮質から分泌されている）。

この二つである。

「君はアドレナリンが足りない」とは、部下に発破をかける上司がよく使っているから、前者はよくご存じのはずである。アドレナリンは元気の素で、トラブルやアクシデントなど、困難な問題に立ち向かうときに自然と分泌される。勇気を鼓舞し、思いもかけない潜在能力を発揮することも少なくない。

「火事場の馬鹿力」とは、このアドレナリンのことである。一方、コルチコイドとはアドレナリンを全身の細胞組織に、くまなく行き渡らせようとする機能を持っている。ところで、アドレナリンとコルチコイド。この二つのホルモンは夜明けとともに少しずつ分泌され、午前七時前後にピークを迎えるのが普通である。午前零時〜午前三時ごろまでの分泌量は、午前七時前後のピーク時と比較すると、たったの三分の一しかないことがわかっている。

ということは、もっとも困難な仕事は午前七時に取り組めばいいことがわかる。この時間に都合がつかない場合は、セカンドベストとして、午前十一時前後、あるいは午後三時前後を選ぶことだ。

このリズムは原始から数百万年も続いて、人類の体内リズムとして築かれたものだが、この事実から言えることは次の二つにあるように思える。

一つは、結論を言えば、人間はもともと、本来は「朝型人間」としてつくられている、ということである。

なぜなら、午前七時がピークということは「朝型人間」が圧倒的に有利だということではないか。これは原始時代から、朝早くから狩りをしたり、魚を捕ったり、農業をしてきたという人類史と重なっている。もちろん、外敵から身を守ったり、外敵を攻撃したりすることもこれには含まれる。

「ボクは夜型人間なんだけど？」

それは、もともとのリズムを無視した生活パターンを繰り返すことによって、後天的に形づくられたものなのだ。本来、人間は「朝型人間」として体内リズムをインプットされているのである。

ピークが午前七時ということならば、ベストの生活パターンは午前五時前後に起床して、心身ともにアイドリングさせて、準備をととのえておくことだろう。また、午前五時に起床するためには、当然、逆算すれば、前夜の午後十時〜十二時にベッドに入ることが、理想的な生活パターンということになる。

さて、ホルモンについて言えるもう一つのことは、心身を活性化させるホルモンの分泌が少ないからこそ、穏やかで深い睡眠が得られるという事実である。

もし、毎晩、アドレナリンとコルチコイドが盛んに分泌されたとしたら、どうなるだろう。興奮して寝られないではないか。最近、不眠症、睡眠障害に悩んでいる人が少なくないと聞くが、ポイントはこの二つのホルモンの分泌状態の改善、あるいはバランスにあるのではないかと思う。

ところで、人間は一日を二十四時間のリズムではなく、生理学的には二十五時間のリズムで動かされている。この差の一時間は体内時計によって、巧みに調整しているのだ。

〝睡眠八時間説〟の真っ赤なウソ！

現在、日本人の平均起床時間は六時三十七分だという。

十年前は六時二十七分、二十年前は六時十七分というから、毎年一分ずつ起床時間が遅くなっている。

たった一分間ではない。全国平均であるから、ものすごい減少なのである。

結論から言えば、現代人は寝る時間の平均時間も一分ずつ遅くなっている。つまり、「一億総・夜型人間化現象」に陥っているのである。

原因は推測できると思うが、インターネットや深夜テレビの隆盛、コンビニ、ドン・キホーテ、ファミレスなど、二十四時間営業の店舗が増えてきていることもあげられる。もちろん、遠距離通勤やフレックス・タイム制度など、労働環境の変化もあるだろう。

「夜型人間」が増えたおかげで二十四時間営業店が増えたのか、二十四時間営業店が増えたことで「夜型人間」が増えたのか、どちらが原因で、どちらが結果なのかは釈然としていない。おそらく、両方ともに進んだ結果であろう。

ところで、ここで留意すべきことは睡眠時間に関する錯覚と誤解である。

「絶対、一日八時間は寝ないとダメ。それ以下だと、頭が働かないし、身体に悪い」

この手の「睡眠八時間死守説」が大手を振ってまかり通っている。いわば、日本人はみな、これに洗脳されていると言ってもいいだろう。

「どうりで今日は何をやってもダメだったわけだ。だって、昨日、五時間しか寝てないもの。あと三時間寝てれば、セールスも首尾よくいったんだがなぁ」

実は、これは間違いである。成績が悪いのは八時間、睡眠できなかったせいではないのだ。

たしかに睡眠時間が極端に短いと疲れるし、ぼうっとしがちである。体調だって優れないことが少なくない。

たとえば百年ほど前、ロシアの科学者にマリア・マナセーナという医学博士がいた。長時間、眠らないといったい体内でどんなことが起こるか、ということについて調べたのだ。

まず、彼女は動物実験を行なった。十頭の子犬を眠らないよう起こし続けると、四～五日のうちにみな死んでしまったのだ。彼女の実験に続いて、多くの医学者、科学者が同じような調査、研究をしたが、子犬だけではなく、成犬やネズミも同様の結果が得られたのである。それらの動物の身体を調べると、脳以外の場所に変化は見つからなかった。脳には一千億とも言われる「ニューロン＝神経細胞」があり、情報処理機能を果たしているが、このニューロンが睡眠障害によって傷つけられていたのである。

だが、これは極端なケースであって、一週間に一度や二度の三時間睡眠など、たいしたことではない。

「八時間寝てないからダメだ」「絶対に失敗する」というのは、たんなる思い込み、自己暗示に過ぎないのである。

"短眠派"のほうが、なぜか活力があふれている事実！

日本人の時間感覚を考えるとき、面白い統計がある。

それは「NHKの国民生活時間調査」である。一九六〇年にスタート以来、正確に五年おきにリサーチが行なわれる時系列調査である。五年おきだから、直近のリサーチ結果は二〇〇〇年であり、次回は二〇〇五年度ということになる。

この調査によれば、国民一人当たり（新生児から老人までを含む）の平均睡眠時間は平日七時間二十三分、土曜七時間三十八分、日曜八時間九分である。

詳細を記すと、次のようになる。

平日の平均睡眠時間

二十代　　男性　七時間二十分

女性　七時間十四分
三十代　男性　六時間五十七分
女性　六時間五十六分
四十代　男性　七時間十一分
女性　六時間四十七分
五十代　男性　七時間十六分
女性　六時間五十八分

この統計を見たとき、三十代、四十代、そして五十代よりも、二十代のほうが睡眠時間が多い（長い）とは驚きである。

だが、その理由は悲しいかな、フリーターが多いからにほかならない。フリーターとは日本語で言えば、「無職」ということだ。無職ならば、睡眠時間はたっぷりとれるに決まっているではないか。

三十代は男女ともに睡眠時間が少ないが、働き盛り、遊び盛り、育児盛りと、一日が二十四時間ではとても足りない世代だからだろう。

また、二十代、三十代、四十代、五十代と、世代を超えて女性の睡眠時間が男性と比べて一貫して少ない（短い）。

この理由は彼女たちが一人二役、三役をこなしているからではないかと思う。主婦業、母親業をしながら、勤めやパート、アルバイトに出ているという構図が見てとれる。とくに、四十代、五十代となると、それぞれ二十四分間、十八分間という具合に睡眠時間の格差がぐっと増える。

これだけの苦労をしているだけに、男性が定年を迎えた後、一挙に「熟年離婚」として爆発するのもむべなるかな、と判断する。

もう一つ、面白いデータを報告すると、同じ日本人でも地域によって県民性も違う。たとえば、日本で睡眠時間がもっとも長いのは青森県人である。ざっと、平均睡眠時間は八時間である。ところが、この県は統計では最短命県なのである。

逆に沖縄県人は平均睡眠時間六時間という最短睡眠時間にもかかわらず、日本で一番長寿を誇っている。たんに睡眠時間だけでは計れない。温暖であるか、寒冷地帯であるかといった問題もあるし、寒冷地帯の保存食として塩分をとりすぎる傾向がある、という原因も考えられる。

はっきり言えることは、人間としてのパワーに睡眠時間はあまり関係がない、ということである。

一般の睡眠調査でも、八時間以上の睡眠は少数派で、六〜七時間がもっとも多い（全体の四分の一）。また、五〜六時間睡眠は八分の一ほどである。もちろん、十時間以上という長眠派も二パーセントいるし、逆に「四時間以下の睡眠でも大丈夫！」という短眠派が四パーセントもいるのだ。

睡眠時間と年齢には相関関係がある。

新生児の睡眠時間は平均十六時間である。睡眠パターンには昼夜の別がない。もちろん個人差があるが、六十パーセントの赤ちゃんは十五時間から十八時間睡眠で、残りは十一時間の短眠派と、逆に二十一時間の長眠派に分かれる。

新生児も幼稚園に入るころになると、平均十一時間睡眠になる。そして、生活パターンは「朝型人間」になる。つまり、昼夜の別がなかった睡眠パターンが夜型に変わるのだ。ただ、新生児時代の名残から昼寝はつきもので、これは三十分〜一時間ぐらい必要である。

それから成長するにしたがって睡眠時間はどんどん減り、思春期を迎えるころ（十六歳ごろ）には平均睡眠時間も八時間となり、完全な夜型睡眠、「朝型人間」となる。もちろん、昼寝の習慣はなくなっている。

医学的に〝最も正しい〟眠り方とは？

睡眠医学によれば、上手な睡眠のとり方というものがある。

「今日は三時間しか寝なかったから、あと五時間、昼寝して辻褄《つじつま》を合わせよう」これは避けたほうがいい。寝不足だからといって不規則に寝起きするよりは、生活のリズムを乱さないほうが得策なのだ。というのも、たとえ寝不足であっても、その分どこかで寝ようとしなくとも、人間の体内時計というのはかなりの包容力があって、何とか調整してしまうからである。

八時間睡眠というのは、あくまでも一つの説であって、人間には個性があり、個人差がある。六時間でベストな人もいれば、十時間でベストという人もいるのだ。それはそれで遺伝子の問題にまでさかのぼらないと、答えが出てこない。

ただ、短眠派であろうが、長眠派であろうが、固定された睡眠時間というものはなく、同じ人でも今日は短眠、明日は長眠というように変わってくる。

「朝型人間」であろうが、「夜型人間」であろうが、それで調子がよければそれがあなたに合った生活パターンなのである。体内時計はあくまでも主観であり、何時から何時まで寝ないとダメというのは物理的な時計時間に過ぎない。快適に目覚めたら、五時間しか寝ていないといったことは関係ないのだ。

まして、八時間睡眠説といったデータや統計に振り回されることはない。

2章

「朝型人間」だからできる奇跡の仕事術

"朝時間をフル活用した"わたしの超「営業」術

ビジネスマンの成功は朝の使い方で決まる、と言っても過言ではない。何と言っても、朝は仕事のスタート・ポイントなのだ。

いったい、あなたは朝の時間をどう活用しているだろうか。

わたし自身のビジネスマン（「勤め人」という意味）時代を振り返ると、二十代～三十歳前後までは、ぼんやりする暇さえなかったと思う。チャップリンの『モダン・タイムス』さながら、日々、仕事に追いまくられていた。

とくに営業マンだったから、月曜の朝七時半に出社するときには、「さぁ、これから戦争だ。これから一週間、何も考えられなくなるぞ」とホントに呟《つぶや》いて仕事に臨んだものである。

すでに得意先とのアポは二週間分を毎月曜日にとることにしていたから、火曜から金曜までは出張セールスである。そして、土曜は電話セールス。まさに営業漬けの毎日。それでも、この法人営業という仕事が好きだったから、まったく疲れなかった。

出張先でも時間が空けば、飛び込みセールスや電話セールスを展開した。

たとえば、その日のメイン・ターゲットである大手企業との商談が無事、終わって帰路につく。バスに乗り、周囲の景色を見る余裕すらある。すると、あらちのほうに工場が見えてくる。

「運転手さん、あれ、何の工場？」

「○○会社だよ。ここら辺では大きい会社だよ」

すぐに地図で確認すると、たしかに某大手企業の工場である。たしか、二千人くらいはいるはず。そう思うと、条件反射で次のバス停で降りている。そして、入り口の脇にある守衛室から内線電話で担当者につないでもらう。

「せっかく近くまで来てるものですから、ぜひ、ぜひ」とアポなし訪問を敢行してしまうのだ。それでうまくいくことが何度もあった。こんなことの繰り返しである。

最初からアポを入れるわけではない。メイン・ターゲットをセールスした「ついで」に思わぬ時間がとれるかもしれないからだ。それに、たいていは現地に行かないとわからないことのほうが多かった。

「へぇ、こんなところにこんな会社があったのか」という具合である。

出張先での電話セールスも同じである。たしか、奈良市内でセールスしていたときだと思うが、電話ボックスのなかで二千円以上、電話をしたことがある。

だから、時間が余って困るということなど体験したことがなかった。

オフィスにいるときでも、昼食は五～十分で切り上げ、デスクに戻ると名刺整理、顧客のアポのためのリストアップ、売上、利益などの数字の修正、見通しの確認、さらに部下への指示、関連部署との調整、会議への出席……ぼんやりする時間などなかった。何より、ノルマの達成に必至だった。

「始発電車」に埋もれている〝5つの宝物〟

いま振り返れば、「時間がない」というよりも、時間が空かないように懸命に仕事をしていたと言える。それほど、営業という仕事が楽しかったのだと思う。

そんなわたしだから、毎日、始発電車（あるいは二番目の電車）で出勤していたものだ。当然、社には一番乗りである。

もちろん、何一つメリットのない満員電車など乗りたくないから、もっぱら始発電車を使っていたのだ。

この始発電車のメリットはたくさんある。以下のとおりである。

①空いている

まず百パーセント座れる。座ってしまえば、たとえ満員電車でも、天下である。始発電車というだけあって、遠いターミナル駅で乗降するために、途中で満員状態になることも少なくないだろう。しかし、座ってしまえば勝ち。ビジネス戦争に有利なポジションをとったと言える。K―1で言えば、ベストマウントということだろうか。

②何でもできる

座ってしまえば、こちらのものだ。これ幸いと寝るもよし、新聞を広げて読むもよし、今日の仕事の段取りをチェックするもよし。

ちょっと変わった活用法では、原稿を書いてしまうという手もある。

実際、わたしは二十代のときに、この朝の通勤電車内で処女作を書き上げたほどである。満員電車のときには感じられないほど、快適な書斎感覚に変貌してしまうのだ。

③車内中吊り広告のチェック

これは運悪く座れなかったときによくやった。一両目から最後部まで、歩くのである。何をするかと言えば、車内の広告を一つ残らずチェックするのである。そして、気に留めたものはメモしてしまう。

「この週刊誌の企画は面白いな」

「ふーん、こんな雑誌、出たんだ」

車内の雑誌広告はわたしのような仕事をしている者にはアイデア、閃《ひらめ》きの宝庫とも言える。

④疲れない

無駄なエネルギーを使わないで済む。これは大きい。満員電車は体力も使うが、不快指数百パーセントでストレスが過大にのしかかるのである。これで参ってしまう人が少なくない。

「もう、仕事する気力が残っていません」という人も少なくないと思う。

⑤スーツもしわにならない

ワイシャツが汗びっしょりになることもないし、口紅をつけられる心配もない。

よく考えてほしいのだが、満員電車と始発電車。これだけ待遇が違っていて、電車賃は同じなのである。片やグリーン車並み、片や囚人の護送列車である。いったい、どちらが得か、誰でもわかるはずである。

しかも、その待遇の選択権は乗客、すなわち自分自身にあるのである。

だが、ここでもう一度考えてみたい。満員電車は満員である。つまり、ニーズが高いということではないのか。言い換えれば、人気があるという意味では？

それに反して、始発電車は空いている。これはニーズがないということではないか？

そうでなければ、始発電車は満員になるはずだ。だが、現実にそうはなっていない。

満員電車は満員で、始発電車は空いている。これは首都圏、どの鉄道にも共通する事実である。

いったい、どうしてそうなるか？

ズバリ言おう。怠け者が多いからである。

満員電車に乗る人はここだけの話、よっぽどの怠け者ではないだろうか。あるいは、心身ともにものすごくタフな人か。このどちらかである。

たった十分早起きすれば座れるものを、その十分早く起きることができない人。「疲れることがわかっちゃいるけど、できない」という人。いままでのパターンがよいほうに変えられない人。ほんの少しの努力で、いとも簡単に勝てる勝負をしない人。

これを怠け者と呼ばず、何と呼べばいいのだろうか。

「早起きできない人」は、この〝論理破綻〟におちいっている

これまで見てきたように、「早起きすると、睡眠不足になるから」というのは理由

にならない。そもそも、これは論理が破綻している。

正確に言えば、①「夜遅くまで起きていた」、②さらに「早起きしてしまった」、③だから結果として、「睡眠不足である」ということではないか。「夜遅くまで起きていた」という主原因を無視してはいけない。

原因がわかれば、解決したも同然。前夜、一時間早く寝ればいいのである。それがダメなら、一時間分、車内で寝ればいいではないか。これでリカバーできるだろう。

同様に、「駅から遠くて始発には乗れない」というのは理由にならないと思う。

わたしなど、二十代のときは駅からバスで二十分もかかる郊外に住んでいた。おかげで、いまでも覚えているが、バスも五時五十分発の始発に乗っていたのだ。

「あなただからできる！」ではないと思う。誰でもできることなのだ。

「途中の駅なので、始発に乗るのは無理」という人もいるだろう。その場合は、途中下車する乗客を覚えておいて、その前のポジションをとることだ。これしか方法がない。

なかには、某証券会社に勤務する知人のように、始発駅から乗ってくる部下を見つけては、即座に交代を命じるという体育会系ばりばりの猛者もいる。ただし、部下のほうも心得たもので、毎回、乗車位置を変えて対抗しているとか。

「45分前」が可能にする、この重要な知的作業

さて、始発電車に乗ってまでして、たどり着いたオフィス。いったい、何のためにこんなに早く出社してくるのか?

「仕事をするためです」

それはわかっている。だが、どうしてそんなに早く仕事をする必要があるのか?

実は仕事をするのではなく、四十五分なら四十五分。みんなが出勤してくるまで〝落ち着いて思索〟ができるからである。

「成功する人、失敗する人。その違いは一日五分間、考える時間を持っているかどうかで決まる」と言ったのはマーク・トゥエイン(アメリカの作家)だが、生産性の高い仕事をするには、この思索の時間がものすごく重要なのだ。

いったい、今日はどうする?

今週、今月の重要ポイントは何か？

誰にどんな指示を与えようか？

こんなことを具体的に考える。そして、何より重要なことはプライオリティのチェックである。

仕事というのは、①重要事項と②緊急事項、そして③平常事項（ルーティンワークのこと）の三種類から構成されている。

ここで大事なものは重要事項であり、次に緊急事項である。だが、本来、もっとも大切でイの一番にやらなければならない重要事項が、緊急事項に邪魔されることが少なくない。

たとえば、クレームの発生に代表されるアクシデントがこの緊急事項の主なものである。

これらの緊急事項に時間が奪われると、大切な重要事項の仕事をすることが疎《おろそ》かになってしまうのだ。

そんな馬鹿なことをしないように、「今日すべきこと」「今週すべきこと」「今月すべきこと」の三点に関して、朝一番、重要事項順に列挙するのである。

列挙したら、デスクに貼りつけてつねに確認する。きちんと処理できたかどうか。チェックリストで一つずつ進行状態を確認するのである。そうすれば、これはできた、これはできていない。できていなければ、今度はいつやるのか。対策が明確になる。こうすれば、ツボを押さえた仕事ができる。ポイントを外れない仕事ができる。

昔、東芝がかつての日産自動車のようになり、その再建のために土光敏夫さん（当時、石川島播磨重工業社長）が財界から送り込まれたことがある。後年、「めざしの土光」とか、名字にちなんで「怒号さん」とか呼ばれた名経営者であり、冒頭で紹介したように、臨時行政改革審議会の委員長として活躍した国士でもある。

この人が電車のなかで東芝のバッジをつけた管理職と一緒になった。土光さんはバス通勤、電車通勤で経費節減を率先して行なっていたが、その管理職は座席で新聞を読んでいたらしい。

「君、新聞は家で読んできたまえ。電車のなかでは、今日一日、どんな仕事をするか、部下にどんな指示をするか考えたまえ」と述べたという。早い話が、実際の仕事の前にシミュレーションをしろ、頭のなかでリハーサルをしろと言いたかったのではなかろうか。

「朝の段取り」一つで、残業も休日出勤もない！

「時間がない、時間がない」といつもこぼしながら、やたらとせわしげに働いている人がいる。

職場の誰よりもよく働き、人一倍汗をかき、一生懸命になる。ときには残業や休日出勤をして、自分の時間を削ってまで仕事をする。

しかし、忙しげに働き、時間を費やしているわりには、仕事の成果が上がらない。こういうタイプの「忙しがり屋」はえてして、仕事の段取りがうまくないのである。

「忙しい、忙しい」と言っているから、何をそんなに忙しがっているかと隣を見ると、これが突然電話で依頼された調べもの。

「それ、すぐやらなくちゃいけないの？」

「うん、明後日までなんだ」

「それなら、後でやれば？」

「後でやろうとすると忘れちゃうから、すぐやるの」

こういう人は多い。

「すぐにやる」というのは時間管理の鉄則だと思うが、この場合、ポストイットなどに依頼事項を書いて、目の前に貼りつけておけば忘れることもないだろう。

このように突然ペースを崩されたり、割り込み仕事が入ってくると一挙にペースダウンしてしまう。しかも元の仕事に戻っても、すんなり進めることもないから時間がとられることになる。

無理は禁物。これでは忙しいのも当たり前だ。要はいまのペースとリズムを中断しないことだ。スピードに乗っているのだから、邪魔なものはすべて避ける。突然の依頼でも仕上げの期日を確認したり、「明日から始めてもいい?」と了承をとるなど、いまのペースを崩さないように対応することだ。

どんな仕事にも、①プランニング、②スケジューリング、③オペレーションという三つのプロセスがある。

①プランニング
まず何をするのかを企画する。これがプランニングだ。物事はここからスタートする。

②スケジューリング
この企画をどのように実現するか計画を立てる。予算計画なども、このなかに含まれる。というのも、いつまでに資金を手当てするのかということは、最重要な課題である。どんな仕事も資金の裏づけがなければ、スタートできるわけがない。

③オペレーション
どのように実行するのか。その事業には何人の人間が必要なのか、また役割分担はどのようにすべきか、それを決定し実行しなければならない。

あらゆる仕事はこのリレーで成立している。「時間がない」「忙しい」とつねにこぼしている人は、このなかのオペレーションが立て込んでいるのである。だが、オペレーションが立て込んでいる原因は、プランニングとスケジューリングがスムーズに運んでいないからである。

以前、博覧会イベントを勉強する経験があったが、このとき、もっとも感銘を受けたのは実はスケジューリング、つまり段取りなのである。

最初に何をすべきかというプランニングを決定したら（決定していない場合は同時並行）、当日のオペレーションに向けて全作業がスケジューリング化される。

どの仕事を何人で、いつまでに、どの程度の予算で取り組むのか、をきっちり決める。もちろんプロジェクトごとに行なわれるのだが、それは積み木細工を一つずつ積み上げ、大きな建造物をつくる作業によく似ているのだ。作業者の昼飯をいつ、どのくらい搬入しなければいけないかまで、きっちり計画化されていた。畳の目を一つずつ数えるようである。

この段取りがスムーズに運ばないと、予定日に何もできなくて御破算となってしまうこともあるし、早くできすぎても支障が出てくる。作業者を遊ばせてしまい、資金が無駄に使われてしまうことにもなる。また、こういうときに限って事故も起こりやすい。

だから、スケジューリングが大事なのである。

さて、このスケジューリング＝段取りのポイントは、次のとおりである。

①全体を眺めて、いったいどのくらい時間がかかるのかを大ざっぱにつかむ。
②何を先にやるか、優先順位を決定する。
③誰に何を任すかを決定する（アルバイトであれば、マニュアルなど指示書が必要ともなろう）。
④報告、連絡、相談の徹底。
⑤早すぎても遅すぎても途中でチェックし修正する。

ビジネスマンの場合、つねにそうなのだが、あまり短期的に無理をしないことが人生をうまく生きていくコツだ。スケジューリングにしても、無理して目一杯入れたりせずに、少し余裕を持って入れていくほうがいい。

そこで重要なのは朝の時間を活用することだ。早い時間にスケジュールを入れておき、午後の時間はうまく空けておく。そのほうが急な仕事の依頼や、突然の来客にもスムーズに無理なく対処する余裕ができる。この余裕時間のことを「バッファー」と呼ぶ。

手帳を開いて、スケジュールでびっしりという人がいるが、これは実は仕事ができない人に多い。仕事のできる人は必ず余裕時間を一日のなかにも何カ所かに分けて準備しているものだ。突然の仕事、依頼、アクシデントにも、そのバッファーですべて対処してしまう。これは翌日、翌週には持ち越さないという強いメッセージでもあるのだ。

脳のパワーは〝午前7時がピーク〟を知っているか

ところで、なぜ「朝型人間」のほうが仕事ができるのだろうか。

前章で、「アドレナリンとコルチコイド。この二つのホルモンは夜明けとともに少しずつ分泌され、午前七時前後にピークを迎えるのが普通である。午前零時〜午前三時ごろまでの分泌量は、午前七時前後のピーク時と比較すると、たったの三分の一しかないことがわかっている」と述べた。

そのとおり、ビジネスマンのやる気モード、仕事モードのピークは午前七時前後である。

この時間にベッドのなかにいるようでは、一日のなかで第一回目のピークを空振りしてしまうことになる。「夜型人間」は空振り確実、「朝型人間」はジャストミートである。すでに通勤電車内で仕事の段取りをチェックしているか、あるいはオフィスで思索している最中だからだ。

残念ながら、大脳生理学の観点からも、「夜型人間」は脳みその回転という点でも「朝型人間」のパワーにはほど遠い、ということがわかっている。

具体的に述べよう。

「朝型人間」は午前六時にはすっきりと目覚め、顔を洗い、簡単ではあるが、何よりも朝食をしっかりとっている。だが、「夜型人間」は前夜、つきあいで赤提灯をくぐっていたり、就寝前にお茶漬けを食べたりして胃がもたれているから、朝食などとても食べたいとは思わない。結果として、食事を抜くか、せいぜいコーヒー一杯で「お茶」を濁すことになる。

ところが、この食事の有無が脳みそに大きな影響を与えているのである。

脳みその栄養はご存じのようにブドウ糖である。脳みそにブドウ糖を送ると記憶力、理解力が格段に向上する。だいたい、そのスパンは「朝型人間」で四時間、「夜型人間」では三時間とされている。

ということは、「朝型人間」は食後一時間からピークを迎えはじめ、四時間後には終焉《しゅうえん》を迎えるのに対して、「夜型人間」は三時間後にはストップしてしまうのだ。「夜型人間」は「朝型人間」に比べて、一時間分も損なのである。

〝最も集中力が上がる時間〟を効率的に使え！

食後、脳みそは回転数を上げ、その後、緩やかに下降し、三〜四時間後にはピーク時の千分の一以下にまでなる。

しかも、「朝型人間」は朝、昼、晩ときちんと食事をとっていれば、午前一回、午後一回、夜一回のピークを迎えられるが、「夜型人間」は朝食を抜くから、午後しか頭が働いていないのである。極端な話かもしれないが、夜型人間のビジネスマンには、給料は午後の分だけ払えばいいくらいなのである。

考えてみれば、朝型人間が朝七時に朝食をとる。それから一時間後にピークを迎え、四時間後にボトムを迎える。だから、正午の時間にランチをとるというわけだ。

ランチをとって、ブドウ糖を脳に送る。すると、脳みそはもう一度、パワーを充電できるのである。

大脳生理学的な観点から言えば、ランチ後のピークは午後二時～四時前後となる。脳みそにブドウ糖が回って、頭脳の回転もピークに達しているころである。

このときにいったい何をすべきかを考えれば、当然、難しい仕事、とくに頭を使う作業をすべきではないか。

何しろ、脳みその回転はピークなのだ。集中力も抜群である。あらゆる分野で名を成す人間に共通する資質は「集中力」である。ただ、ずっと緊張していればいいというものではない。集中すべきときに集中する。軽く流してもいい場合は軽くという具合に、メリハリをつけることが大切なのだ。

たとえば、「企画書」を書く場合を考えてみよう。

まず、情報収集や抽出などは、それほど集中しなくてもいいから、ボトムの時間を使ってもかまわない。機械的に片っ端から当たればいいからだ。だが、その情報やネタをアイデアやコンセプトにまとめ上げるときは、ぜひとも、このピーク時に集中して取り組むのである。企画が生きるか死ぬか、それはすべてこのアイデアを練り上げる時間で決まるからである。

これがパフォーマンスの高い仕事をモノにするタイム・マネジメントである。このリズムを知らないと、頭の回転数が上がっていないときに難しい仕事をしたり、ルーティンワークを脳みそのピーク時にしてしまうという非効率な仕事をすることになる。これはもったいない。

日本一稼ぐ男・斎藤一人の〝早朝・会議革命〟

よーいドンと同時刻に仕事をスタートしても、人によってそのできは千差万別である。

仕事が速く、しかも十分満足できる仕事をこなせる人もいれば、逆に時間ばかりかかる割には内容がもう一つ、という人もいる。どこの世界にも仕事ができる人もいれば、仕事ができない人もいるのである。

ここで留意したいことは、同じ作業の繰り返しならば、誰でもいずれ仕事を覚えるようになる。これを「単純作業における熟練労働時間」と呼ぶ。いわゆる「習うより慣れろ」の世界である。

そこには発想の変化、行動の変化は必要ない。いつも同じことを同じリズムでやればいいだけだから、いとも簡単な仕事である。

ところが、レベルの高い仕事というのは、実はアイデアや閃きをつねに要求されるのだ。

たとえば、物づくりでも、「ここをこうしたら一分早くできるじゃないか」「ここをこう変えたら、もっと簡単にできる。コストもこんなに節約できる」という閃きが仕事をしながら浮かんでこなければ、「仕事ができる人」とは呼ばれない。そう、発想力が重要なのである。

その点、日本のビジネス社会に会議はつきものだが、その生産性たるやひどいものである。会議もむやみやたらにやればいいというものではない。会議をすべき時間、してはいけない時間というものがあるのである。

たとえば、すべき時間はいつか?

これはお気づきのとおり、先に説明したように頭の回転数が早い時間にすることが望ましい。たとえば、午前七時である。実際に、わたしの顧問先の不動産屋はこの時間に毎日、役員会議を設定している。

「さすがにそんな早い時間は無理ですよ」と言うなら、午前九時である。すなわち、朝一番ということになる。

次は午後三時。間違っても、午後一時にはしないほうがいい。食後は頭よりも胃のほうに神経が偏ってしまって、会議をしていても脳みそはすっかり休眠中だからである。

ところで高額納税者番付の常連である斎藤一人《ひとり》さん(銀座日本漢方研究所・創設者)は会議を四時間ぐらいするうち三時間半は雑談をしたり、好きな物を飲んだり食べたりしているという。そのうち、場が盛り上がってくる。ちょうど、そのころあいを見計らって、「さぁ、盛り上がってきたところで、仕事をやっつけちゃおう」と声をかける。

すると、みな、その盛り上がったままのノリで意見を出すのだ。これは活発な議論だろう。勢いがある。

会議と言えば、睡眠時間と考える人が少なくないと思うが、彼はまず先に、眠気を吹っ飛ばしてしまうのだ。脳みそのアイドリングを十分にすることがコツだ。楽しい話なら夢中になるから、アドレナリンが発揮されて眠気などすっかりなくなる。とくに、みんなでわいわいがやがややっていると、自然に壁がなくなるから意見が出やすい。会議というと、みんな沈鬱な顔つきで、にこりともせずに緊張しているようでは、画期的なアイデアなど出てくるわけがないではないか。

それと大事なことは、会議は参加者の数よりも密度が重要だ、ということである。たんなるお客さんはいらないのだ。

「本気になって取り組みたい」と、仕事をわがこととして考える人間だけが集まれば、それでいいのである。

「会議で寝てる人は使えない。眠い人からはアイデアは出ない。知恵はたくさん人がいれば出るものではない。知恵の出る人だけで会議をしたほうがいい」と、斎藤さんは言う。

たしかに、これは会議の極意だ、と思う。

大事な事項は〝頭の回転数〟を考えて予定する!

わたしの顧問先には出版社が多いが、このビジネスは企画が命である。

某社では定期的に企画会議が開かれていた。ただし、毎週水曜の午前十時からはチーム内の企画会議。そして、毎週火曜の午後一時~四時までが全体の企画会議として設定され、編集者、販売担当、広告担当まで、全員参加という会議である。

さて、これらにはわたし自身も参加するのだが、水曜の午前中の会議は盛んに意見が飛び交う。が、後者、すなわち全体会議でのノリがあまりよくないのである。はっきり言えば、やらないほうがまし、というレベルである。

たとえば、「この企画、どう思う?」と販売担当、広告担当に振っても、芳しい意見が出てこない。

「わたしも同意見です」

「ボクも」

「わたしも」

こんな調子である。どうも、全体の流れをお互いに模様眺めしており、自分の意見を述べる雰囲気ではないのだ。

ところが、三時を過ぎるころになると積極的な意見が飛び交う。

「それはこうしたほうがいいのでは?」

「それはダメだと思う」

なるほど、食後にいきなり議論モードには入れないのである。

ならば、一時間ずらせばいい。いや、頭の回転数を考慮して、二時間ずらしてしまえばいい。結局、その会社では午後三時から午後五時までに改めて時間を設定し、一時間短縮することになったが、このほうがずっと充実している。

「会議は始まったばかり、まだまだ先が長い」と認識していると、いま、言わなくても後で発言すればいいとばかりにセーブしてしまう。仕掛かりの時間は、まだ本気で議論などできないのである。それに何と言っても、食後である。生理的に頭が回転できる時間帯ではない。

こんな時間に会議などはしないほうがいい。午後一番は、会議にふさわしくないのだ。

会議は朝一番がベストである。具体的に言えば、午前九時である。

なぜか?

まず、仕事モードに入っているからである。会議となると、配付資料などの用意もあるから、直前はバタバタしていることが多い。しかし、このバタバタ時間を通じて、会議モードへと全体が盛り上がっていくのだ。

仕事の達人は「5時〜9時」をこう使う!

「それは朝飯前だ」と言うとき、それはよっぽど簡単なことなのだろうが、欧米のエリート・ビジネスマンの多くはたいてい朝飯前にひと仕事している。

詳細は後に譲るが、早朝は自分の時間を唯一とれるのだ。頭も身体もすっきりしているばかりか、この時間を狙って、もっとも関心のあることに取り組めるのである。

たとえば、経営者やエグゼクティブの場合、それが仕事の問題解決だったりする。

コンサルタント会社で世界で最初に株式を上場させた船井幸雄さん（船井総合研究所・創業者）は、「朝こそ、ゴールデンタイムだ」と考え、早朝をビジネスと勉強の両面で巧みに活用している。

起床時間から出勤までのタイムテーブルを紹介すると、次のようになる。

①午前五時
起床。
②五時――五時三十分
体調の調整（三十分）〜体操、氣誘導装置（体内に氣を充実させるために誘導させる装置）などで調整し、その後洗面など。
③五時三十分――六時三十分
新聞、雑誌、書物の速読（処理時間は一時間）。
④六時三十分――七時三十分
経営相談への回答。原稿執筆、講演（年間三百回以上）・セミナーのテキストづく

り（一時間）。
⑤七時三十分――八時
朝食、髭剃り、着替え（三十分）。
⑥八時――九時
仕事の打ち合わせ（一時間）。

朝飯前に健康管理、情報収集、経営相談など、ひと仕事、いや、ふた仕事くらいはこなしている。

とくに注目すべきは、午前六時半からの使い方だろう。彼の本業はコンサルタントである。これはいまも現役である。実際に、一日に会う人数を平均すれば、ざっと五十人だという。

これですべての顧問先に対応できるわけがない。

そこでどうするか？

手紙でも経営相談が飛び込んでくるのだ。これが約二十件ある。この相談に対する回答を朝飯前にこなしてしまうのである。八時からは仕事の打ち合わせだが、これは電話とメール、ファックスでやりとりすることになる。

本番は九時に出社してからスタートするが、実はそれまでにも朝の時間を有効に使って、どんどん処理しているのである。

講演はほとんど毎日。それに毎月の連載、対談に加えて単行本も年間十冊近く執筆し、全国を飛び回る。約五千社もの顧問先を持つ会社のトップとしては当然ながら、「年中無休でも時間不足」ということらしい。

これだけ多忙を極めていても、睡眠時間だけは平均五〜六時間をきちんととっている。

朝飯前に仕事を一つこなしてしまうのは、あなたにもできるはずだ。

仕事といっても健康管理も大事な仕事である。そうなれば、たとえば、早朝散歩、早朝ジョギング、早朝体操などをしてはどうか。愛犬の散歩も朝の仕事の定番である。

一晩、メール返信を寝かせて、翌朝に出すこの効果！

「いや、やっぱり朝早く起きて仕事をしたい」という人には、ぜひ、メールの処理を朝一番にすることをお勧めしたい。

これはわたし自身の反省としてアドバイスしたいのだが、以前は夜、メールをチェックする習慣だった。顧問先からのメールがことのほか多い。経営者というのは、仕事が終了して、今日一日の仕事を振り返る。そのとき、今日、問題になっている事柄をどうすべきか考える。それがわたしの専門分野であれば、彼らはメールで相談する、というわけだ。彼らからの相談メールは夜間に多い。

問題はその返信なのだが、夜の回答メールは内容が厳しいようである。

たとえば、指示どおりにできなかったために、その善処策についての相談があった。これなど、怒り心頭である。わたしは瞬間湯沸かし器だから、怒りをメールにぶつけてしまう。そして、その返信が翌午前中に届く。すると、そのメールを読んで、「これは少し言いすぎたな」と反省することしきり。こんなことが過去に何回もあった。

よく考えれば、努力してもタイミングが悪くて、どうしてもできないことがある。にもかかわらず、無理を要求するのは大人げない。人間がこなれていない証拠である。

「こんなことなら、朝、もう一度、書き直せばよかった」

一晩おけば、頭もクールダウンする。自然と冷静になって、状況がよく見えてくる。すると、もっと的確な回答、指示、アドバイスができるのだ。

にもかかわらず、相談メールを見た瞬間に、さっさと処理しようと返信メールを出そうとする。その内容が厳しい。優しくない。親切でない。相手の身になっていない。

そこで、さすがにこのわたしも考えた。返信メールだけは早朝に出そう。たとえ、回答をまとめていたとしても、もう一度、朝、チェックしてから返信しよう。

これで何回、助かったことか。あのまま夜中に返信していたら、気分を害していたかもしれない。それが一晩おくだけで、こんなに婉曲に、しかもそこそこ的確なアドバイスができている。

人に伝えるとき、同じ内容ならば、優しく伝えたい。親しき仲にも礼儀あり。わがこととして真剣に考えることは大事だが、相手の立場、能力、タイミングというものも考慮してあげなければ、コンサルタントとしては失格である。

そういえば、昔、先の船井さんからアドバイスされたことがある。

「コンサルタントのなかで最低のタイプは、顧客のやりたいことに反対し、ここが悪い、あそこが悪いと文句ばかり言う人間。優秀なコンサルタントは、顧客がやりたいことをどうすればできるかを考える。顧客を嫌な気分にさせない」

たしかにそうなのだ。ところが、夜中のメールはどうしても厳しくなる。逆に、朝のメールは優しい。これは朝と夜という時間の違いがそうさせるのだ。いや、正確に言えば、一晩寝かせて、アドバイスや言い回しを熟成させているからかもしれない。

朝一番の出社が生む「最強の社内人脈」

ビジネスマン時代、わたしは朝一番に出社していた。なぜなら、早朝出勤はメリットが大きいからである。

誰もいないオフィスのほうが誰にも邪魔されずに仕事がはかどる、だけではない。

実は、社内人脈をつくるにはこれが一番の方法なのである。

「社内人脈なんて必要ないね。そんなものは自然とできるんだから」と考えていたら、これはぜひ改めてほしいと思う。

全世界どこの企業組織でも、もっとも重要なのは社内人脈である。これは日本はもとより、あの実力主義一点張りのアメリカでも同じである。

たとえば、リストラを考えてみよう。

リストラというのは日本語では「首切り」を意味するが、ここまで追い込まれる人間を見ると、必ずしも仕事ができない人材ばかりではないのだ。いまや、仕事のできない「ぶら下がり社員」はとうに淘汰されてしまっているから、リストラ対象者のイメージが変わっているのである。

もちろん、誰が見ても仕事ができる。チームのエース。将来、わが社を背負って立つリーダーだ、という人はリストラされない。こんな人材がいなくなれば、翌日から会社がおかしくなってしまうからである。

では、どんな人材がリストラされるかと言えば、ズバリ「人気のない人」である。

ここで言う「人気がない人」という意味は、たとえば「親しい仲間がいない」「孤立している」「一匹狼」というように、仕事はたしかにそこそこできるけれども、上層部といつも衝突したり、我が強くて周囲と協調性がなかったりする。

一言で言えば、チームワークになじまない「一匹狼」がリストラの対象になるのである。

とくに、中途半端に仕事ができるならばなおさらである。「君は仕事ができるから、うちじゃなくてもやっていけるだろう?」と肩を叩かれてしまう。悲しいことに、追い出す側にしても、仕事ができなくて、どこにも採用されない人間をリストラするのは忍びないが、この手の「そこそこ人間」ならば、罪の意識をあまり感じない。周囲も、「あれじゃ、しょうがないよ」と誰も味方になってくれない。

ところが、もし味方が多ければ、「彼には言いにくいな。みんなも反対するだろうし、何よりこの俺が嫌われてしまって、後の仕事がやりにくくなる」とばかりに、リストラ宣告にも尻込みしてしまう。

かたや、誰からも非難されない、かたや非難囂々《ごうごう》。だとすれば、いったい、どちらの人間をリストラするか、確認するまでもないだろう。

残念ながら、こんな仕打ちにあうのも、「仕事さえできれば、誰からも文句を言われない」と勘違いしていた自分のせいである。社内人脈をなめてもらっては困るのだ。たかが社内人脈、されど社内人脈である。社内人脈の有無でリストラ・リストに載るかどうかが決まる、という組織社会の現実を無視してはいけない。

もし、あなたが比較的若いビジネスマンなら、ぜひ明日から朝一番に出社してみてほしい。社内人脈の構築には、効果抜群のはずである。

いい人間関係をつくる「ザイアンスの原理」

具体的に述べよう。

顧問先の販売会社のケースだが、ここに三十歳くらいの男が中途採用で入社してきた。月二回しか訪問しないわたしが驚いてしまう。一カ月も経たないうちに、社内では誰一人、知らない者がいないという「顔」になってしまったのである。

方法はこうだ。毎日、朝一番に出勤すると、誰かが出勤するのを待ちかまえて、社内のそこかしこに顔を出すのである。もちろん、他部門だから用などない。にもかかわらず、顔を出すのである。

どんなことをしているかと言えば、同世代や若い社員には、「どんな仕事してるの?」、先輩や上司には「今度、入社した○○です」と、ちょっとした挨拶を交わすだけである。ただ、これを毎日、続ける。相手によっては、挨拶から話が進むことも少なくない。見事なのは、じっくり話そうという姿勢ではなく、「ちょっと立ち寄ったから」といった軽いノリなのである。

これが実は「ザイアンスの単純接触の原理」なのである。彼は知ってか知らずか、この原理を誠実に実行していたのである。

ザイアンスとはアメリカの心理学者の名前だが、彼は実験によって、一度しか顔を見たことがない人よりも、二度、三度、五度、六度と見た回数が増えるにしたがって、好感度がぐんぐんよくなる、という人間心理を証明した。この間、必ずしも会話を交わす必要などないのである。ただ、顔を見せるだけでいいのだ。

彼が行なっていたのは、まさにこの単純接触の原理である。

では、「顔を売る」という行為にどんな効果があったのか?

たとえば、在庫がない商品の注文を受けてしまったとき、普通なら、「在庫がないから断りの電話を入れろ」と指示されるところ、「あいつが受けたのか、しょうがない。儲からないけど、工場に連絡してつくってやれ」という具合に、「彼だから」と周囲の対応が変わるのである。

そう言えば、新入社員当時、わたしは丁稚奉公《でっちぼうこう》のつもりで朝一番に出社しては、オフィスのデスクを拭《ふ》いたり、灰皿をせっせと洗ったりしたものである。これはその会社の伝統というか、しきたりのようなものだったが、これもメリットが少なくなかった。

というのも、顔見知りがどんどん増えるからである。

普通ならば、同じ会社とは言っても、同僚などの身近な社員としか口をきくことはない。当然、部門が変われば相手がどんな人かも知らない。ところが、デスクを拭いていると、続々と先輩や上司が出社してくる。すると、こう言うのだ。

「どうもありがとう。君、今度、入った人？」

「はい、○○です」

「あっ、そう。どこ？」

「はい、○○部です」

「○○君の部下か。彼、短気だから気をつけてな。今度、一緒に飲もうな」

こんなコミュニケーションを一カ月も繰り返していると、百人くらいの社員の人となりがそれとなくわかってくるのである。

「あの先輩、感じがいいな。あの部門と関係ができたら、あの先輩に相談してみよう」

こんなふうにパイプが自然とできてくるのである。これが大きいのだ。

この〝小さな行動〟一つが、あなたの信用力を倍増させる

不思議なことだが、日本人は徹夜よりも早起きを奨励している。

たとえば、徹夜とまではいかなくとも、ビジネスマンには残業がつきものだが、このイメージが正反対に変わってきた。

かつてであれば、残業と言えば、「遅くまでご苦労さん」と言われたものだが、こんなことはいまは昔の話で、現代では「残業するほど能率が悪いのか。就業後にオフィスで使った電気代、返せよ」と逆に非難されてしまうくらいである。

徹夜ともなれば、「彼は努力家だ」と誉められるのではなく、「仕事が遅いから徹夜せざるを得ないのだ」と、ここでも非難、冷笑の対象になってしまうのである。

ところが、これが早起きとなると、打って代わって評価が百八十度変わるのだ。すなわち、「早起きは三文の得」「早起きに悪人はいない」「早起きは長寿の元」……。

日本人には、まだまだ二宮金次郎タイプの「勤勉の哲学」がＤＮＡに刷り込まれているのである。

このイメージは大きい。ならば、あえて、イメージに逆らうよりも順応するほうが生き方としては賢いのではなかろうか。

たとえば、知人の某大手金融機関の役員など、さすがにビジネスマン生活を上手にこなしている。だからこそ、リストラ全盛期をくぐり抜け、いまも元気に生き残ることができたのだ、と思う。

彼が広報部長をしていたとき、新聞、雑誌の記者たちとのつきあいがものすごく多かった。帰りはいつも午前様である。会社内に問題を抱えていたから、手心を加えてもらうためにマスコミ対策のため、彼らのご機嫌を毎日、とっていたというわけだ。

ところで、この接待対策はあくまでも就業後のことである。それでいて、金融機関だから朝は早い。遅くとも午前七時半にはオフィスにいるのだ。

こんな毎日でも、過労死もせずに過ごせた理由は一つだけ。

タフだからか？　いや、違う。朝一番に出社するものの、それから社内で仮眠をとっていたのである。みな、周知の事実である。

「そんなことなら、自宅でじっくり寝て、十時ごろに出社すればいいのでは？」と考えるのは、会社組織というものをわかっていない。

組織というのは、仕事以上に服務規程がものを言うのである。どんなに仕事ができる人であろうと、服務規程は無視できない。勝手な真似はできないのだ。だから、朝一番には出社する。サボっていないことを証明した後、別室で仕事中と称して、休むわけである。

ここまでしなければならないのが、ビジネスマンなのである。

なぜ、そこまでするのかと言えば、信用を落としたくないからである。「どんなに遅くなっても、必ず朝一番には出社する」という勤勉さ。これが大きなアピールなのである。

どんなに前夜遅くなったか、どんなに大変だったかどうかは関係ない。問題は朝、どんな顔をして出社してくるかである。「夜遅くまで飲んだ翌朝、何時に出社してくるか、じっと見ている」という経営者や上司も少なくないのだ。

普段はわからないけれども、こういうときに素が出るからだろう。

もし、このとき、遅刻したり、体調不良で休暇などとろうものなら、「あいつはダメだ」という烙印を一発で押されることは間違いない。

逆に、いつもよりさらに早く出社して待ちかまえ、「おはようございます。昨日はどうもごちそうさまでした」と挨拶すれば、「おっ、あんなに飲んだのに、早いな。なんとタフなやつなんだ」と評価がうなぎ登りになること、請け合いである。

朝の行動一つで、信用力を倍増することも灰燼《かいじん》に帰すことも簡単にできるのである。ビジネスマンなら、ぜひ、前向きに行動してもらいたいと思う。

3章

出勤前にできる〝超効率〟勉強術

「あれもやりたい」「これもやりたい」人に、〝世界一簡単な時間活用法〟

「あれもやりたい」「これもやりたい」と夢がある人にとって、時間のバランスシートはつねに赤字である。

たとえば、もっといい仕事ができるようになるために勉強する。

もっと条件のよい会社に転職しようと、武装するために勉強する。

「英語をマスターしたい」「資格をとりたい」「手に職を持ちたい」という具体的な夢を実現するために、もっともっと勉強しようとする。

刺激的な人に会うために、異業種交流会に参加して勉強する。

だが、現状を考えれば、とてもそんな時間はない。

どんな人間にも、一日の持ち時間は、たったの二十四時間しかない。これは仕事もできず、勉強する気などさらさらなく、人生をすでに降りてしまった人でも一日は二十四時間であるし、逆に野心満々、夢と希望に満ちあふれ、懸命に勉強する人にとっても、一日は二十四時間しかない。

毎日、毎日、ただでさえ仕事で忙しい。今後も暇で暇でしょうがない、ということは永遠に来そうにない。

「仕事を極めたい」「成功をつかみたい」と時間をやりくりしようにも、「いまの生活でも精一杯！」という人がほとんどではないだろうか。

では、時間がないから勉強は止めようか？

いや、そんなことはできない。やっぱり、たった一度の人生、悔いのない生き方をしたい。もっと可能性に挑戦してみたいし、もっと高い収入もとりたいし、もっとダイナミックな仕事をしてみたい。

では、どうする？

ここは「もう精一杯」と諦めるのではなく、勉強時間をどこかから生み出すしかないのではないか。

「もうぎりぎりです。そんな時間はありません！」

果たして、そうだろうか？

乾いたタオルを絞ってコストを削減する時代である。発想を変えれば、まだまだ時間はあそこにも、ここにも、発見できるのではないだろうか。

後から振り返れば、乾いていると思ったタオルが実はびしょびしょだった、ということに気づくだろう。

たとえば、夜、勉強しようという人には、会社の同僚とのつきあいも億劫になる。酒を飲めば、集中力が湧かないからだ。睡眠時間も少なくなるし、明日のことを考えれば、早く休みたい。早く帰れば帰ったで、家族とのコミュニケーションも必要だろう。

となると、「朝」の時間を勉強タイムに当てることが最も簡単なことではないのか。そう考えれば、夜中、さっさと寝て、早起きして勉強するのである。

夜は捨てる。その代わり、朝を徹底的に生かす。

夜の時間は限界があるけれども、朝の時間は無尽蔵にある。ここを錯覚してはいけない。夜は無限、朝は有限ではないのである。朝を上手にマネジメントすることが、ない時間をつくり出す唯一の方法なのである。

時間を少し前倒しするだけの「奇跡の勉強法」

あなたは、いったい朝をどんな勉強法に使っているだろうか。

「朝は弱くて、ぎりぎりまで寝てますよ」という調子では、勉強はなかなかできないと思う。

実は、朝ほど勉強にふさわしい時間はないのである。これを使わない手はない。

大脳生理学の観点からしても、先に述べたとおり、やる気モードの源泉である「アドレナリン」と「コルチコイド」という二種類のホルモンが分泌されるのは午前七時前後がピークである。

「そうか、そのころに起きればいいんだな」ではない。もうすでに勉強モードに入っていてほしいのである。逆算すれば、六時半にはすっかり勉強モードで本を読んだり、テープを聴いたりしていればいい。

「その時間は通勤電車のなかです」

こういう人は、通勤電車を書斎に変えてしまおう。集中力さえあれば、通勤電車は、いつでも「ムービング・デスク」にも「ムービング・オフィス」にも変身してしまうのだ。

ここで重要なのは、四十五分でいいから〝早起き出社〟することである。わたしは、そうしてきた。

朝一番に出社すると、九時ごろ、みんなが出社してくるまでに、静かなオフィスでなんと二時間半も勉強できるではないか。オフィスすべてを独占した気持ちにすらなって、悠々と勉強できること請け合いである。

ところで、朝の勉強にはたくさんのテーマと方法がある。たとえば、テーマだけ考えても次の項目がすぐに思い浮かぶ。

①情報収集

これにはテレビ、雑誌、新聞、読書、インターネット、人脈を通じてなど、方法もいろいろある。情報の怖いところは、ビジネスに直結している点である。知っているのと、知らないのとでは雲泥の違い。これが情報の恐ろしさだ。

②資格の取得

朝早く起きて、資格取得に向けて勉強するビジネスマンは少なくない。上手に活用すれば、弁護士（実際、わたしの兄は朝の勉強で取得した）、公認会計士、税理士といった難関資格もとれるし、フィナンシャル・プランナーや物理療法士などの資格も取得できる。

資格のいいところは、資格手当が別途、支給されるケースが多い点である。いまや、住宅手当や残業手当が廃止される時代にもかかわらず、資格はますます収入アップに通じている。だからこそ、どう勉強時間をつくるかが問題なのだ。

③語学のマスター

朝ほど語学の勉強にうってつけのものはない。何しろ、そのための放送が各局で行なわれているのだ。これを利用しない手はない。デフレ経済を繁栄して、いまや、早朝スクールも盛んである。留学したり、外資系企業や貿易業、商社など、英語をフル活用できる仕事に転職することもできるだろう。

④人脈の開拓

夜の酒席でなければ人脈はつくれない、と錯覚している人が少なくない。冗談ではない。酒席ばかりでは、お金がかかる、身体にもよくない。何よりも、帰宅が遅くなる。いいことは一つもないではないか。夜ではなく、朝、人脈を開発するという方法もあるのだ。そのための交流会も日本全国にたくさんある（これは後で詳しく紹介しよう）。

⑤健康の増進

朝の散歩、ジョギング、早朝スポーツクラブで汗を流す。いずれもいい。ビジネスマン時代、わたしも会社ではなく、スポーツクラブに先に「出勤」していたこともある。

「健康は朝つくられ、夜、壊される」というのがわたしの持論である。

脳は"知識を詰め込む"ほど"創造的に"開発される

「私はあえて、暗記・詰め込みなくして創造力は育たないと言いたい。創造とは知識と知識の組み合わせを新しく組み替えることであり、それを可能にする能力が創造力だと考えるからです。レオナルド・ダ・ヴィンチが大変な博識家であったように、真に創造的な仕事をする人は豊富な知識を持つ博識家です。言い換えれば、知識の量と創造力は正の相関関係にあるのです」

こう述べるのは「ミスター円」の異名をとった榊原英資さん（元大蔵省財務官、現慶大教授）である。「創造力は知識と知識とのかけ算から生まれる」という説は全面的に賛成である。

本当に創造的な仕事をしようと考えているなら、まず、徹底的に知識をインプットすることが重要なのだが、労働厚生省の調査によれば、「創造力が伸びる年齢は三十三歳がピークで、四十一歳で落ちはじめる」というデータがある。

これはクリエイティブな仕事の能力と、年齢との相関関係についてアンケート調査した結果である（社員数一千人以上の企業、一千二百五十五社を対象に行なわれた調査。部門責任者と一般社員の計二千六百二十七人の有効回答）。

残念ながら、これは科学的なデータではなく、あくまでもイメージであり、印象に過ぎないのだが、驚くなかれ、「年齢とクリエイティブな仕事を遂行する能力には相関関係がある」と全体の八十五パーセントが認めているのである。課長などの中間管理職でも七十三・七パーセントが認めている。圧倒的多数が年齢によって仕事の能力が変化すると考え、その結果、創造力の伸びる年齢は平均三十三・一歳。落ちる年齢は平均四十一・四歳と出た、というわけである。

わたしは創造力と年齢は関係ない、だが、年齢と好奇心は関係がある、と考えている。

ズバリ言えば、創造力は年齢ではなく、あらゆる情報に好奇心を失ったときから衰退が始まるのだ、ということである。アンケート調査に答えた人の多くは、三十三歳の働き盛りのときに好奇心がピークを迎え、残念ながらその八年後には好奇心の泉が枯れてしまったということだろう。

なぜか？

出世競争で勝負がついたからではなかろうか。

「俺の人生、こんなもの。まして、この不況とリストラで昇進のチャンスなど期待できないもの」

こうなると、好奇心が湧いてくるわけがない。好奇心が湧かなければ、どんなに価値ある情報でも猫に小判であることは言うまでもない。

脳みそにとって最高の栄養素は情報なのである。

たとえば、ある人間を個室に閉じ込めたとしよう。外から鍵をかけて外出できないようにする。テレビも新聞もない。窓も塞ぐ。ケータイも使わせない。つまり完全に刺激を遮断するわけだ。もちろん三度の食事は、きちんと最高の栄養素を吟味して差し入れる。しかし、このときも人と接触させないから会話すらない。

さて、こんな状態で過ごすとどうなるか？

ＣＴスキャンで脳を輪切りにして調べると、頭蓋骨と脳の間が広くなっていることがわかる。頭蓋骨が大きくなったのではない。逆だ。脳が小さくなったのである。

この程度の実験なら、普通の生活に戻れば脳も回復するが、情報のない生活を続けていると脳は確実に収縮していくのである。人間にとって、情報はどんな栄養価の高い食事よりも重要なのである。

ビジネスでも成功するには知識、情報がことのほか重要である。ビジネスマンにとっては、商品知識から始まって、法律知識、心理知識、技術の知識など、勉強すべきことはたくさんある。しかし、忘れないでほしいのは専門情報だけではなく、一般的な情報も必要だし、専門外の情報もすべての情報が重要なのだ、ということである。

なぜか？

情報というのは、どこかで必ず相互に結びついているからである。「これはわが業界のことだからチェックしておこう」というだけではなく、「関係ないけど、面白そうだな」という情報も、ぜひチェックしてほしい。きっと必ずどこかで役に立つ。

電波情報はすべて〝午前5時台の番組〟でつかめ！

情報には大きく分けて、①電波情報、②活字情報、③人脈情報の三つがある。

まず、このなかで電波情報を上手にインプットしよう。

電波情報というのは、ケーブルなどの回線や衛星システムなどの電波を媒体にした、テレビ、ラジオ、インターネット情報のことである。

世の中はインターネット時代である。だが、地上波や衛星放送は何の役にも立たないかと言えば、そんなことはない。どんなにインターネットが盛んになろうと、ほとんどの人は相変わらず、テレビ、ラジオの利用者である。

最近とくに気づくのは、早朝番組の拡充である。これは各局ともそうとう力を入れているようである。いまは年代に関係なく、「朝型人間」の視聴者はたんにニュースを知るだけでは満足せず、知識や心を豊かにする情報までを求めている。そのため、各テレビ局はそうしたニーズに合わせ、番組づくりに工夫を凝らしているからだ。

わたしは仕事場にいるときは、テレビを一日中つけている。実は音楽をかけたり、ラジオを聞いているときもテレビはつけっぱなしなのである。しかも、わがテレビは同時に複数の放送を視聴できる。

「どうして、そんな面倒なことをするの？」と言われるかもしれないが、これは案外、便利なのである。たとえば、地震のあったとき、震源地とマグニチュードが気になると思うが、各局の放送内容を同時に全画面に出せば、一番早くチェックできる。

そのほかにも、ニュース番組、スポーツ番組、情報番組など、内容を問わずに複数の画面を視聴している。ただ、ドラマを見ないからできるのだろう。ドラマを複数画面で視聴していたら、わけがわからなくなるから、さすがにこれは避けたほうがいいと思う。

ところで、早朝番組が充実していると述べたが、実は朝の放送は日本テレビ系列の「ズームイン!! SUPER」の一人勝ちである。ただ、この番組は六時台にスタートしていたが、いつのまにか、午前五時半〜八時半の枠へと編成されてしまった。

理由は簡単だ。他局が「ズームイン殺し」のために放送時間を早めたからである。TBS、フジ、テレビ朝日、もちろん、NHKしかりである（この時間帯に勝負しないのはテレビ東京だけである）。各局が数分ずつ早めて、視聴者の囲い込みを始めたところ、どんどん繰り上がってしまったというわけである。

ところで、わたし自身がよく見ている番組は、毎朝四時五十五分からスタートする「朝いち!! やじうま」、そして五時五十分から始まる本編「やじうまプラス（いずれもテレビ朝日系列）」である。

これは昔流の「やじうま新聞」といった番組で、各新聞の一面トップ記事や面白い記事を紹介しては、ゲスト解説者にコメントさせるもの。好評なのか、各局ともいまだに類似企画のオンパレードである。

不思議なことに、企画だけでなく、取材内容から放送内容まで似ている。各局とも一つの情報をたらい回しで使っているようなイメージがぬぐえないほどだ。わたしなら、日本の新聞（スポーツ新聞を含む）を比較検討してニュースを流すよりも、発売前の週刊誌や外国新聞をチェックする企画を提案したいところだ。

とはいえ、各紙の比較はこの「やじうまプラス」が本家である。三十分程度で政治、経済、国際問題、国際情報だけではなく、スポーツや芸能界の情報まで幅広く網羅しているから、広く浅く情報収集するには手ごろな番組だと思う。

「ズームイン」が受けるのは、たんなるニュース放送だけではなく、毎回、人や出来事にスポットライトを浴びせ、そこにぐっとズームインしているからであろう。たとえば、系列局を活用して全国各地のホットな情報を提供したり、「アメリカのアニメ会社に飛び入り潜入ルポ」という特別企画を組んだり、早朝のニュース番組の枠をはみ出している。ただし、そこには「感動」が必ずある。

忙しい早朝に一瞬の涼風、これが魅力なのだ。

もちろん時間がないなら、食事をしながら見てもいい。出勤時間にバッティングするというなら、テレビも聞けるミニラジオを電車内で聞けばいい。わたし自身、通勤電車内でよく聞いたが、映像がなくても、十分、堪能できた。

朝刊は「斜め読み」するだけでいい!

二十代、三十代の活字離れが甚《はなは》だしいと言われるが、彼らは情報に無関心なわけではない。

ただ、新聞というメディアではなく、インターネットを活用しているのである。情報についてはものすごく好奇心があるが、アプローチするメディアが異なるのである。

たしかに、新聞に比較すれば、インターネットのほうが情報は格段に早い。

新聞記者にとってもっとも怖い時間は、「午前二時半だ」ということを聞いたことがあるだろうか。

これは二時半になると、各紙の早刷りが届く。そこで重要なニュースが他紙に抜かれた、あるいは抜いたということが一瞬にしてわかる時間なのだ。

抜けば、勝利の喝采を上げ、抜かれれば自信喪失。だから、記者にとって緊張感がピークになる瞬間なのである。朝刊が出てしまえば、後は夕刊だ。勝利の美酒も夕方まで、また、汚名返上、名誉挽回も夕方まで待たなければならないのだ。

ところが、ここにインターネットが登場した。これは三十分ごとに内容を更新しているから、抜いた、抜かれたといったこともあまり関係ない。すぐに情報を後追いし、更新してしまえばいいからだ。

おかげで、イラク戦争やSARS問題など、メディアが最もホットな情報は新聞やテレビではなく、インターネットで逐一、チェックする人が増えている。このほうが確実に最新情報を入手できるからである。

しかも、インターネットなら、各紙の記事内容の比較も一目瞭然で可能だ。

さらにここが最大のメリットだが、すべて、情報料がタダなのである。この点がおそらく、学生や若手ビジネスマンに受け容れられている最大の理由ではないか、と思う。

ところで、日本新聞協会研究所の調査によれば、日本人が新聞を読むのに費やす平均閲読時間は一日当たり四十分だという。新聞の情報量は単行本一冊と比較してもひけはとらないほど多い。しかも、このデータには夕刊も含まれているから、ほとんど熟読などせず、斜め読みしているに過ぎないことがわかる。

それでいいのだ。

なぜか?

関心がある情報は自然とじっくり読むし、関心がない、関係がない情報についてはすっとすり抜けてしまう。そうでもしないと、新聞に時間がとられて何もできなくなるではないか。

もう一つある。情報というのはテーマがあるから、アンテナに引っかかるのである。たとえば、あなたが「SARS」に関心があるとしよう。そうすれば、新聞を見たとき、SARSというキーワードを脳みそは自然とリサーチするはずである。「あっ、ここにあった」と小さな囲み記事でも発見するに違いない。情報とはそういうものなのだ。

テーマがなければ、あるいは薄ければ、隅から隅までどんなにきっちり熟読しようが、アンテナにはけっして引っかからない。しかし、テーマがそこにあれば、具体的に言えば、仕事や趣味で関心が高ければ、そのキーワードに沿って脳みそは自然と検索、リサーチを始めてしまうのだ。

その能力はパソコンが起動するよりもパワフルであり、速く、しかも深い。

コンピュータと脳みその違いをここで一言、コメントしておこう。

コンピュータは情報が増えれば増えるほど、重たくなり、起動が遅くなるが、脳みそは情報が集まれば集まるほど、検索が早くなるのである。そればかりか、情報の化学変化が激しくなる。すなわち、先に榊原さんが指摘したように創造力が思う存分に発揮される、というわけである。

さて、新聞が素早くつくられるのは、購読者に素早く読んでもらうためである。

当然、行き当たりばったり。時間が空いたときにざっと眺める。読むのではない、眺めるのだ。もちろん、この時間は新聞を読む時間といったスケジュールなど設けるわけがない。食事時間、ティータイム、風呂のなかなど、ちょっとした空き時間に「ついで」にチェックする。

ところで、新聞を読むとき、人は見出しの大きさ、位置関係、活字の大きさ、何段抜きか、何面のどの位置に掲載されているかによって、自然とニュース（情報）の重要度を理解しているはずである。これは少しでも新聞が読みやすいように編集したサービスである。

だから、新聞というのは本来、斜め読みできるようにつくられているのである。斜め読みしない手はないではないか。

中島流・新聞〝並べ読み〟の技術

わたしの場合、朝日、産経、日経、日経流通の四紙をとっているが、配達されるのがたいてい五時ごろである。聞けば、もっと早く配達される人もいるらしいから、おそらく新聞配達さんにしてみれば、わが家は最後のほうなのだろう。

すでに起きているから、新聞と牛乳を玄関までとりに行き、そのままざっとチェックする。

チェックの段取りは、まず最初に四紙を並べてみる。

一面トップ記事の違いを確認する。早い話が「一人やじうま新聞」をしているわけである。

あるとき、朝日、産経のトップが「北朝鮮拉致問題」だったとき、日経は「半導体工場」、日経流通は「某大手スーパー問題」だったことがある。それぞれスタンスの違いがあるから面白い。

拉致問題や銀行国有化といったトップ記事については、この記事はこっちの新聞ではどこまで報道されているか、とチェックしてみる。これは面白い。

たとえば、りそな銀行が実質国有化されたとき、りそな当事者と金融庁、そして監査法人との三つ巴の暗躍について詳細に報道していたのは一紙だけだった。

「おかしいな。他紙はどうして書かないのだろう?」

比較してみれば、一目瞭然。書かないのではなく、書けないのだと判断すべきだろう。経済記者なら、すでに各紙とも知っているはずの事柄でも、何らかの事情があって報道できなかった、と考えるべきだ。銀行側を慮《おもんぱか》って自主規制したとしか言いようがない。

数紙を比較対照しただけで、こんなことがすぐにわかるのだ。

次に、枠は小さいけれども面白い記事、変なニュースをチェックする。

たとえば、「SARSの流行で、香港でヤクルトがバカ売れ」という記事が目についた。

「ふーん、大変だな」だけでは何の役にも立たない。もし、この記事を投資家が目にしたら、すぐにヤクルトの株や社債、投信を買うだろう。

「いずれ、SARSは日本でも流行するに違いない」

「SARSは世界的に流行する、とアメリカの保健局は判断している」

「効くか効かないかは別にして、この商品にスポットライトが当てられるかも」

「日本人は準備がいいし、ネガティブ思考だし、さらにブーム好きで付和雷同だから、いったん、ヤクルトが効くとなれば、株価は急進するに違いない」

儲けというのは、一つの小さな記事からどれだけ連想ゲームが展開できるかがポイントである。

勝負はどれだけ早く情報を入手できるかで決まるのだ。記事になる前に手を打つことが大事だが、それでも後手に回るよりははるかにいい。

もちろん、インターネットでチェックすることも重要だが、注意すべきは「新聞に書かれていることがすべて正しい」というスタンスで読み込んではいけない。そこには必ず新聞社の意向、思想、スタンス、しがらみによって、情報はいくらでも「加工」されているからだ。

言い換えれば、紙面などいくらでも変わるのである。

同じ事実を取材したとしても、記者の解釈、新聞社の意向によっていくらでも変わる。白が黒になるほど、変わることも少なくない。だから新聞は一紙だけではなく、バランスをとるように二紙ないし三紙をチェックすることが必要なのである。「大本営発表」に騙されないためにも、一つの情報があれば、それを逆に考えるという見方を少しずつ習慣としていくことも大切だと思う。

参考までに、わたしは夕刊は読まない。読まないから、とらない。産経新聞は夕刊を廃止したが、とうの昔から夕刊など読んでいない。夕刊の情報は、すべてテレビで代替できるからである。

情報整理は〝休日にまとめて〟やる！

ところで、新聞記事のスクラップをしている人がいる。わたし自身も、仕事がら、切り抜きをすることが少なくない。

たとえば、「ユニークな商品が開発された」ということは興味があるから、その開発者の人となりや開発物語について書かれていれば、早速、切り抜くことにする。

また、日経新聞の「経済教室」のようにまとまった論文も参考になるから、これも切り抜く。

発想の転換になるコラムも切り抜く。

これらの切り抜きは、後で紹介するが平日はそのまま切りっぱなしにしておき、土日に集中して整理するのだ。いちいち整理するのもいいが、土日までにもっと詳しい記事が出たときは、前の記事を捨てることになる。二度手間になるから、「時間差整理」をするというわけだ。

どんな記事をスクラップすればいいか？

それはあなたの好奇心、興味、関心のある記事なら、何でもいいのだ。仕事、趣味、道楽など、ありとあらゆるテーマがあると思う。あなたが営業マンで、「この情報は得意先に知らせておこう」と感じたら、それを切り抜けばいい。

「こんな話がありますけど、ご存じでしたか？」

「いいや、初耳だね」

「この前、○○新聞の片隅に掲載されてました」

「へぇ、気づかなかったね。読んでみたいなぁ」

「とおっしゃると思ったんで、コピーして持参致しました」

「そうかい、助かるね」

こうなれば、信頼感がぐっと増すというものだ。わたしも営業マン時代、得意先のためにせっせとスクラップしていた時代がある。

切り抜きは、ただ集めていても役に立たない。ファイルの肥やしにしてもしょうがない。だから、活用する。企画立案、商品開発、マーケティングのヒントにできるネタは少なくない。

ズバリ言えば、異業種の成功をわが社、わがチーム、わが仕事に応用するのである。

たとえば、ヤマト運輸の宅急便など、小倉昌男さん（元社長）に聞けば、牛丼の吉野家を参考にした、と言うではないか。当時、吉野家が飛ぶ鳥を落とす勢いで全国展開していた。もちろん、新聞にも毎日、紹介されていた。それを見たとき、どうして短期間でこれだけ全国展開できるのか。フランチャイズが可能なのか、を考えた。すると、答えが出た。

単品管理だから、あっという間に展開できるのだ。これがあれもこれもとメニューがたくさんあれば、セントラルキッチンで対処してもなかなか難しい。あそこまでスピーディに展開できるわけがない。しかし、牛丼一品しかなければ、話は早い。

「ならば、わが社も宅急便一つで勝負すべきではないか」

同業者の成功をそのまま真似しても、二番煎じに過ぎないけれども、異業種のアイデアを生かせば、まったく新しい仕組みができるのだ。新聞記事だけで、こんなこともできるのである。

参考までに、わたしは切り抜いた記事を五十の整理ボックスにそのまま放り込んでいる。ここでのポイントはすべてコピーした上でＡ４サイズに統一することだ。

なぜそうするか、と言えば、同じサイズならば、整理しやすいからである。

しかも、新聞は数日放っておくだけで黄ばんでくるし、ぼろぼろになってくる。コピーはきれいなまま。だから、そうするのだ。後日、チェックするとき、クリップで綴じてそのまま冊子にすれば、電車内でもチェックが簡単にできる。後日、便利なように統一しているのである。

通勤時間だけでできる「9つの勉強法」

ビジネスマンの通勤時間を見ると、1章で記したとおり、平均一時間六分という数字である。

もちろん、地域格差はある。千葉県（一時間三十一分）、神奈川県（一時間三十分）、埼玉県（一時間二十四分）、東京都（一時間二十四分）、奈良県（一時間二十三分）という具合に大都市圏は平均よりもずっと多いのだ。

この通勤時間をどう利用しているか？

「本を読む」「新聞を読む」「居眠りをする」「ラジオを聞く」、そして「車内広告を見る」という回答が多かった。

よく考えてみれば、ありきたりの活用方法である。

本を読んだり、居眠りができるのは、まだまだ恵まれたほうだろう。ラッシュ時の通勤電車では、定員の三〜四倍が押し込まれることも珍しくはない。とても、本など読んでいる余裕はないと思う。

さて、あなたもこれらの回答に近い「車内生活」をしているのではないだろうか。

「いや、俺は違う！　こんな面白い方法にトライしてるんだ」という人がいたら、ぜひ教えてもらいたい。

わたしがやってきた車内生活、また、これはユニークな車内生活だと勧めたいのは、次のとおりである。

①読書

ただし、書物をバラバラにして乗り込むのである。

「このくらいなら、ちょうど読み切れるな」というボリュームだけを手に持って乗るのだ。そうすれば、軽いし、混んでもかさばらないから便利である。

どうせ、本など財産にはならない。わたしなど、読んだら捨てる主義だから、どんどん破っている。本当に残しておきたいならば、もう一冊買えばいいのだ。

②ウォークマン

わたしの趣味は落語である。学生時代から毎週、どこかの席亭に通っているほど、どっぷり浸かっている。それが高じて、車内でも聞いていた。

だが、これはダメだ。一人でニタニタ、ニタニタ、ときにはブッと吹き出してしまう。これはまずい。無難なのは、英語の勉強、あるいは講演会のテープ、CDを聴くことである。たとえば、経済問題、経営論などだ。最新の情報、識者の講演などをテープ会員、CD会員と称して毎週、送付してくる団体も少なくない。清話会や暦人会などがその代表的なものだろうし、インターネットで検索すればもっとたくさんあるに違いない。

これらで入手した情報を毎朝、出勤前に勉強するのである。

時事問題に強くなるということは、大きな意味で社会のトレンドを深読みすることにつながる。さらに、マネジメントでもマーケティングでも、経済論でも一流の人間の話を聞くということは、その発想、考え方、思考スタイルを勉強することなのだ。これが実は最大のメリットだと思う。

③執筆

滅多にいないが、それでもたまに見かける。車内で原稿を書いているのである。もちろん座れればの話である。

わたし自身、処女作を書き上げたのは通勤電車のなかである。ワープロ持参で乗り込み、毎朝、パチパチと叩き続けてまとめたのである（実は手書きで書いていたのだが、「読めない」と編集者に突き返された後、自分で確認したがやはり不明だったためワープロで書き直した）。

④瞑想、思索

これも多いと思う。端から見ると寝ているのか瞑想なのかわからないが、集中して「問題解決」に当たるのだ。α《アルファ》波が出てくると、ユニークな解決策に遭遇できるかもしれない。

⑤仕事の予習

先に記したように、「今日すべきこと」「部下に指示すべきこと」「上司に確認すべきこと」「他部門と調整すべきこと」「取引先に連絡すべきこと」などをチェックする。すなわち、出勤してからする仕事をあらかじめ、思考実験しておくのである。

⑥車内見学1

満員電車のなかでも目だけきょろきょろ動かしてみたい。車内の中吊り広告には、新刊雑誌の内容が大きく書いてある。これだけでもニュースの収集になるし、どんな情報がどの雑誌に掲載されているかがわかるから便利である。

広告は新聞にも載っているが、新聞で雑誌の広告を見る人は出版業界の人でもなければ、あまり見ないものである。

⑦車内見学2

マン・ウォッチングである。いったいどんな本を読んでいるのか、どんな話題を話しているのか、しっかり耳をダンボにしてしまうことだ。知人のシナリオ・ライターはそれこそ、会話のなかからセリフを抽出しているという。

これが習慣となると、会議中や折衝中にほかの人が何をしゃべっているかまで聞き分けることができるようになる。聖徳太子もきっと、これをやって鍛えたに違いない。もちろんファッションもじっくり観察したい。

⑧能力開発

通勤時間に自己啓発をする、という人は多い。しかし、なかには円周率記憶一位としてギネスブックに掲載されている友寄英哲さんのように、自分の潜在能力を通勤電車で開発した人もいるのだ。

記憶術について関心を持った友寄さんが、まず集中して時間をとれる場所として選んだのが、この電車という環境だった。

「次の駅に着くまで三十個の単語を覚える」

「今度は、それを次の駅に到着するまでに、ちゃんと言えるかどうか確認する」

こんなことを続けて基礎的な能力を開発し、とうとう円周率という永遠に続く数字の記憶にチャレンジして、四万桁記憶を実現してしまったのである。

⑨連想力、発想力のトレーニング

次の駅までという限られた時間を、企画力や発想力のトレーニングの場として積極的に活用するのである。企画力開発セミナーに参加するとわかるが、白い平らな皿を出されて「これを皿以外にどうやって使うか？」という類のトレーニングを受ける。

これを車内でやってしまうのである。窓の外を見て風景から連想することを、仕事に結びつけて発想する訓練をしてみてもいい。

「仕事前の読書」で、能力はここまで向上する

わたしは、年間三千冊ほど単行本を買うほどの読書好きである。

これは仕事というか、高校時代からの病気だから、普通の人より少し多いかもしれないが、多く読んでいるからといって必ずしも頭がよくなったり、性格がよくなったりすることはけっしてないことは、自分を見ていれば本当によくわかる（と、周囲が指摘している）。

ビジネスマンの平均読書量（料）は二十代が月間二千円、三十代が三千円、四十代が四千円ということになっている。本にすれば、一冊～せいぜい四冊。文庫本にすれば、その三倍といったところだろうか。

さて、いま全国の小中学校では「朝の読書運動」が盛んである。これは始業前の十分間に、生徒も教師も全員、各自がそれぞれ自分で選んだ本を読むというものだ。ただし、「みんなで読む」「毎日読む」「好きな本でいい」「ただ読むだけ」という四原則

が徹底されている。

いまから十五年前、千葉県の高校教師である林公さんが自分の担任するクラスで実践して成功し、それがいまや、一万三千十九もの学校（小学校八千五百五十三校、中学校三千六百五十五校、高等学校八百十一校――平成十五年六月六日現在）で導入されるなど、どんどん広がっているのだ。

狙いはどこにあるのか？

「読書本来の楽しみや喜びを感じ、自由や解放感を味わい、想像力や感性、洞察力や判断力、精神の散策や心の癒し、向学心や探求心、優しさや思いやり、心の潤いや心の豊かさ等々を日々育んで日常の生活のなかにそれを生かし、希望や夢を抱いて、明るく、楽しく、元気に知的な人生を歩んでほしい」というものである。

好きな本を読んでかまわない、しかもみんなで同じ時間を共有する。これは短時間で勉強モードに子どもたちを誘うには、ふさわしい方法ではないかと思う。

狙いどおりに進んでいるかどうかは別にして、さまざまな効果が出ているようだ。

たとえば、「読書運動によって、生徒が落ち着くようになった」「集中力がつくようになった」「人の気持ちがわかるようになった」など、ポジティブでよい意味の「おまけ」が報告されている。

実はこの運動を知ったとき、これはビジネスマンでもできるではないか。いや、ビジネスマンこそすべきではないか、とわたしは感じたのである。

というのも、わたし自身、営業マン時代に一貫して「朝の読書運動」を職場で実践していたからである。ただし、わたしの場合は五分ほどで読める短文を用意し、それを皆で読む。その後、その日の当番に感想を語ってもらい、その後、わたしが解説を加えるというやり方だった。

これでどうなったかと言うと、朝、少しの時間だけれども、得意先を訪問したときに話すネタを毎日、一つずつ仕入れることができるのだ。新聞とは異なった知識、情報、感動を楽しむことができる。それが読書の醍醐味であり、これが大きいのである。

たとえば、マーケティングの本など読んだことがないビジネスマンが、朝の読書運動のなかで勉強意欲に火がつき、その後、ＭＢＡを取得すべく、大学院に進学したというケースもある。勉強していれば、人間、いつどうなるかわからないのだ。

この「証明書」があれば、即戦力を〝どこでも〟アピールできる！

朝の時間を使ってできる勉強、この一つに資格取得のための勉強がある。この勉強法について述べる前に、まずは資格そのもののメリットについて、少し述べてみよう。

銀行と商社のビジネスマンにとって、いまほど冬の時代はないだろう。

かつて、この二つの企業は、肩で風を切って歩いていたのである。どちらも日本の産業は俺たちが担っている、という自負が多かれ少なかれあったと思う。

それがどうだ。いまや銀行は日本経済、全産業の足を引っ張るお荷物ではないか。日銀による低金利と預金者の犠牲というハンデをもらってなお、経営指標はなかなか回復しない。集中治療室にここ十年間、入りっぱなしというていたらくである。

商社については、十数年前にも氷河期と言われたときがあったが、現在はその比ではない。何にでも手を出すのがいいも悪いも商社の特徴だったが、いまやそれがなくなった。事業の大整理に邁進《まいしん》しているのだ。

知人もその煽《あお》りをくらってリストラされることになった。日本で一番という定評の学校を出ているから、再就職先にはこと欠かないと思っていたようだが、世の中、そんなに甘くない。そこで、きちんと転職するまで腰掛けのつもりで、大手予備校に履歴書を出した。

何しろ、受験生時代は超エリートでならし、「偏差値のお化け」とあだ名され、英語はビジネスでも得意中の得意。受験英語でも長文読解や英作文はお茶の子さいさい。ところが、これがまったくの空振り。採用はおろか、面接のレスポンスさえ来ないのである。

「お兄さん感覚でつきあえる人を、受験生が求めてますから」とのこと。受験指導の実力よりも、若さがものを言ったのである。

それに決定的なことが一つあった。教員免許を持っていなかったのである。予備校でも学校は学校。採用担当者は教育の経験がある人を優先するから、どうしても教育資格を持っているかどうかがものを言う。「資格より実力だと思うけどね」とこぼしても、現実は厳しい。

この不景気のおかげで募集には掃いて捨てるほど集まる。そのため、履歴書の段階で多数をふるい落としていたのだ。一流大卒など、石を投げればいくらでも当たるのだ。資格もない、若くもない。だから、面接すらしてくれない。これが現実である。こと履歴書の段階では、実力より資格の時代、なのである。

ところで、資格には次のように二つのメリットがある。

①外部へのアピール

中小企業診断士、フィナンシャル・プランナー（ＦＰ）など、名刺の横に刷っていれば水戸黄門の印籠と同じで、それだけで相手が「なるほど」と信用してくれる効果がある。知人の銀行マンなど、学生時代、情報処理技術者の資格を取得したものの、パソコン一つ一人でセットアップできない。

「業務上、ＦＰの資格を取得させられた」と言っていたが、資産運用などの実力などからっきしないから、わたしは彼には絶対に相談しない。

「それでも、この資格があるとお客さんが頼りにしてくれるんだよね」

たしかに十年間、毎日、運転している無免許ドライバーより、免許取得後、十年間一度も運転したことがないペーパー・ドライバーのほうが、実際に運転してもらうまでは信用できる。これと同じだ。

②内部へのアピール

薬局のマツモトキヨシは薬剤師を大量に採用しているが、資格手当が毎月十万円支給されている。これなら、薬剤師の資格をとろうとするモチベーションが社内に生まれるだろうし、また、薬学部の卒業生の採用にも有利に働くだろう。

もちろん、薬剤師という資格ではなく、英語力という「資格」もある。

ビジネスマンとしての成功（出世）は資格だけでは決まらない。しかし、資格があると絶対有利である。資格とは「このくらいまではできますよ」という保証書（証明書、お墨つき）だから、いちいちアピールする必要がない。

「英検一級、ＴＯＥＩＣ○○点、ＴＯＥＦＬ○○点」とさえ言えば、「あぁ、この人の英語力はこの程度だな。ならば、海外出張も大丈夫だろう」と想像できるし、「日商簿記検定二級です」と言われれば、「それなら経理の即戦力だ」となる。

朝だけの勉強で「中小企業診断士」資格をとった男

「うちの社長は俺の苦労を全然、わかっちゃいない。もう、辞めたいよ」

「辞表を上司に叩きつけて、颯爽《さっそう》と出ていきたいね」

場末の焼鳥屋やおでん屋でこんな愚痴を昔はよく聞いたが、ここ数年、一度も耳にすることがない。

「冗談でも、こんな愚痴はこぼせませんよ。上司の耳に入ったら、それこそ、ちょうどいいと、指名解雇されてしまいますよ」

いまどきの会社は現金である。「これは」という人材が辞めるときには、どんなことをしても引き留めようとするが、そうでない場合は「もう少しいればいいのに」と口では言っても、けっして留めはしない。それどころか、「いい機会かもしれないな。健闘を祈るよ」と気が変わらないうちにエールを送って、既成事実にしてしまう。

しかし、資格を持っている、となると別だ。実は信用金庫に勤めながら、毎朝、一時間ずつ勉強して、二年目に中小企業診断士の資格を取得した友人がいる。通信教育で何度も試験勉強をチェックした賜である。資格を取得したとたんに、仕事がグンと広がったという。もちろん、収入もスライドして増えているはずだ。

ところで、中小企業診断士の試験科目は、経済学・経済政策、財務・会計、企業経営理論、運営管理、経営法務、新規事業開発、経営情報システム、中小企業経営・中小企業政策・助言理論といった多岐にわたっている。中小企業の経営そのものが、何でも屋的なところがあるから当然かもしれない。

しかも、この試験の難易度はかなりのもので、受験者数六千五百人に対して、合格率は約十パーセントという狭き門である。

普通は中小企業大学校で朝（午前九時四十分）から夕方（午後四時四十分）まで講義を受け、勤勉に勉強し、出席率も九割を超えれば、無試験でこの資格を得ることができる。ただし、受講料と合宿実習費などで百八十万円かかるはずである。

これを通信教育の勉強だけで合格したのだから優秀なのだろうが、まさしく、その生活は仕事をしながら受験勉強するというスタイルであったろう。

金融機関だから朝は早い。ただ、土日は休日をとれるから、その時間を勉強に当てる。だが、それだけでは足りない。そこで、朝の時間を活用するのである。朝五時にタイマーをつけ、起きたら出勤するまで机に向かうのである。この生活を二年間続けたというわけだ。

まったく頭が下がるが、わたしの兄もビジネスマンをしながら、弁護士資格を取得した口である。すでに小さな子どももいたから、その苦労はかなりのものだったろう。公園に連れていっては、子どもと遊びながら勉強していたという。もちろん、早朝は勉強のゴールデンタイムである。夜はさっさと寝る。その代わり、朝早く起きて司法試験の勉強をするわけである。

「あの勉強に比べたら、受験勉強なんてアホみたいなものだ」と振り返るが、たしかにそうだろう。

やはり、家庭持ちのビジネスマンが勉強する場合、家族が完全に寝静まっている早朝はどっぷり集中できる時間なのだ。夜はこういうわけにはいかない。細切れに勉強するのもいいが、朝なら朝に集中して勉強することは絶大な効果がある。

さて、友人の中小企業診断士だが、いま商店街の現場を知る経営コンサルタントとして店主たちに絶大の人気がある。彼くらいになれば、会社が倒産しても独立してやっていける口だろう。

それができる理由は、もちろん、名刺の横にそれとなく記された「経済産業大臣登録中小企業診断士」という資格であることは言うまでもない。

これが語学を身につけるための「超効率スケジュール」

朝、自己啓発にいそしんでいる人は少なくない。たとえば、読書や資格取得のための受験もそうだ。

だが、何と言っても「朝の勉強」と言えば、定番は英会話だろう。それが証拠に、NHK教育テレビでは語学番組を朝と夜に集中して放送している。もちろん、ターゲットはビジネスマンである。

いま、お手元に新聞があれば、テレビ欄をめくってほしい。朝六時から語学番組のオンパレードである。

英語だけでも、「英会話」「基礎英語」「ビジネス英語」とある。そのほかに、「フランス語」「ドイツ語」「イタリア語」「スペイン語」「ハングル」「中国語」「ロシア語」と、毎日、日替わりで目白押しである。週一回、午後九時からまとめて連続放送しているが、メインは朝である。

もちろん、テレビだけではない。語学の勉強にはテレビよりもラジオがうってつけだ。ラジオ番組も早朝から放送されていることは言うまでもない。

「ラジオよりテレビのほうが効率的に勉強できる」という人もいるが、わたしはそうは思わない。目というのはかなりいい加減なもので、ついついわかったつもりになってしまうのだ。耳で勉強するほうが集中度合いはものすごい。

それにTOEIC®テストやTOEFL®テストは、リスニング力を重んじるテストだ。だから、ラジオ講座を徹底的に聴くことは絶好の勉強方法なのである。

ビジネスマンが早めに仕事を切り上げて、「今日は語学の勉強をするぞ」とばかりに、帰宅後、自室にこもって九時からの放送に耳を傾けることはなかなか難しいと思う。

家族とのコミュニケーションという大切な仕事があるし、そのほか、各社とも視聴率を稼ぐために面白そうな番組を用意しているから、「よし、今回はビデオに録って、明日、勉強しよう」と先送りされることになりかねない。

勉強というのは、やろうと思ったときにやらないとできないものだ。だから、やるならば、邪魔の入らない朝に集中してしまったほうがいい。とくに意志が弱かったり、誘惑に勝てない性格だと自覚しているなら、なおさらである。

わたしなどは昔、語学の勉強のためにビデオを数台、フル回転させたことがあったが、あまり役に立たなかった。後でチェックしようと思っても、なかなかそのための時間がとれなかったからである。

「優先順位の上位に来るものが、ほかにたくさんあったから」というのが表向きの理由だが、本音を言えば、後からチェックすることなど、わたしのようなズボラ人間には面倒くさくてできないのである。

どうせビデオなど録っても見やしない。ならば、録らない。録らない代わりに、勉強できるときに勉強してしまう。

それが朝だ、ということである。

年収1億円の証券マンが実践した“早起き”英語学習法

英語は世界共通のビジネス語である。デファクト・スタンダードの典型だ。

マツダがフォードに吸収されてからというもの、社員はコミュニケーションのために英語を勉強するようになったし、日産もルノーに吸収されてから会議は英語になったと聞く。というよりも、会議室に一人でも外国人がいれば、英語でコミュニケーションをとるしかないではないか。

英語力が昇進昇格の条件にはなっていないだろうが、「英語ができれば仕事のチャンスも増えるし世界も広がる。そう思って勉強する人材は、若手になればなるほど多い」という声が現状を示している。

伊藤忠商事では、プレゼンやネゴといった能動的な英語力をはかる試験を独自に開発しているし、三菱商事では「英語を社内の公用語にしよう」と真剣に議論されていたほどである。それだけに、新入社員の七割がパスするという試験はＴＯＥＩＣレベルで七百三十〜八百六十点に相当するものだという。

これから外資系企業はどんどん日本に上陸してくるし、「いま買いどきの不動産を買っておきたい」と外国からお客がどんどんやってきている。もちろん、ある日突然、「外資との合併が発表された」ということもあるだろう。

もうそんなことでは驚かないほど当たり前の日常シーンになっている。そのときになって、「英語やっておけばよかったな」では遅いのだ。

英語というコミュニケーション・ツールを持っていないと、たぶんビジネスの三分の一しか堪能できないのではなかろうか。

では、どうやって勉強すればいいのか。大きく分けて、次の二つの方法があると思う。

まずは、朝一番から英語のシャワーを浴びることだ。

証券会社に勤める友人など、岩国哲人さん（日興證券・元常務、メリル・リンチ・キャピタル・マーケット・元副社長、現衆議院議員）が外国企業に転職するのに憧れて、そのままアメリカ行きを志願するも、まったく英語などできない。学生時代もまったく英語の「え」の字も勉強してこなかった。そんな男が「アメリカに行けば子どもでもしゃべっているから、何とかなる」と強引に直訴して渡米したのである。

それから半年間はまったくものにならなかったが、単語帳と首っ引きになり、とくに一日中テレビをつけてリスニングを徹底的に行なった。

何しろ、英語ができなければビジネスができないのだ。とくに、問題は話すことではなく、相手が何を言っているかを聞き取ることにある。正確に聞き取れなければ、資産の運用ビジネスはとてもではないが不可能だ。何しろ、桁が間違ったら命取りになるのである。だからこそ、徹底して英語のシャワーを浴びて耳を慣らしたのである。

おかげで半年経つころには、テレビでタレントが放ったジョークに笑っている自分を発見できたという。ここまでくれば、どんどん上達する。その後、アメリカを代表する証券会社で年収一億円の花形プレーヤーとして活躍するのである。

それから十五年、いま、彼は世界をまたにかけて飛び回っている。もちろん、現地では記者たちに追いかけられ、英米の新聞、雑誌でもよく見かける。もちろん、「ロンドン・エコノミスト」にも登場している。

ポイントは、自分の耳に日本語を長期間入れないで「英語耳」に改造してしまったことだ。「英語は習うより慣れろ」という本質もここにある。言葉は耳から入る。英語に反応する耳、英語を聞き分ける耳をつくってしまうためにも、英語漬けの生活をすることがベストである。

そのためにどうするか？

まずは朝一番にCNNを見る。これはスカイパーフェクTVでも見られる。朝食中もずっと見ながら食事する。家族一緒に見ながら、コメントし合ってもいい。もちろん、通勤電車内ではウォークマンでリスニングの勉強である。

それでも足りなければ「早朝スクール」もある！

やっぱり、生身の人間とコミュニケーションしなければ、英語は勉強できない。当然である。

言葉なのだから、人と話すチャンスがなければ、せっかく覚えた単語もどんどん抜け落ちていく。人間は記憶力よりも忘却力のほうが強いからである。

語学で勉強すべきことは、とりあえずはリスニングとトーキングの二つしかない。

ただ、トーキングはシャドウピッチングや素振り同様に一人でもやろうと思えばできるが、リスニングはそうはいかない。

相手が何を言っているか、正確に聞きとれないとコミュニケーションはできない。

では、どうするか？

一番お金のかからない方法は、ネイティブを友だちにしてしまうことだ。裏技としては、ネイティブをガールフレンド（ボーイフレンド）にするか、あるいは結婚してしまえばいいが、わたしの友人は英語を勉強したくて、外国人がよく集まるジャズバーに頻繁に通って勉強した、という。

ジャズ歌手として人気のある綾戸智絵さんも、中学生のときから英語を勉強したくて、外国人と見ると話しかけたという。アメリカへの憧れは高校卒業を待たずに渡米し、そのままあちらで結婚してしまったほどである。

実は、これがもっとも手っとり早く語学をマスターする極意である。

そこまでできない人は、駅前留学でも何でもいいから、ネイティブとつねに会話できる場をつくることだ。友人と数人で、英語だけでコミュニケーションする時間を持つこともいい。

ビジネスマン五年生以上ならば、幸いなことに教育訓練給付制度を活用できる。

これは厚生労働省という親切な役所（実は学校側の売上に貢献しているだけ）が、指定カリキュラムについては三十万円まで国が補填《ほてん》してくれるサービスである。個人的には自己啓発に国の補助金など不要だと思うが、こういう制度があるのだから利用しない手はない。

ただし、三十万円に満たなくても、一度使ってしまうと次回活用できるのは五年後以降だから、ここは考えものである。たとえば、初級会話より中級、上級と進めば進むほど受講料も高くなっていくのが普通だから、「初級は自費で、中級は教育訓練給付制度で」と賢く利用したほうが得である。

「いまは忙しいから、いつか暇になってから活用を考えてみるよ」という人もいるが、これは大反対。思い立ったが吉日。すぐに活用すべきである。というのも、これは会社を辞めたら使えないのである。いまの時代、いつまで会社があるかわからないではないか。

いますぐ使う。これが大原則である。

アメリカのエリートは、こんなふうに時間を使う

アメリカでは常識だが、朝の早いビジネスマンほどエリートである。

わたしの友人にもたくさんいるが、とにかく朝が早い。どうしてこんなに早いのかと驚くばかりだが、どうも時間に関する哲学が日本人と根本的に異なるようである。

ズバリ言えば、彼らは自分の時間をものすごく大切にする。この「自分」という意味にはもちろん、「家族」も含まれる。

それに比べて、日本人は自分の時間を軽視している。この「自分」という意味には同様に「家族」という意味も含まれている。ここに尽きる、と思うのだ。

これは1章で紹介した永守重信さんも指摘していた。海外出張のために飛行機に乗っていたときのことだ。

日本人ビジネスマンは、ここでタダ酒を飲まなければ損だとばかりにしこたま飲んで、そのうち酔っ払って寝てしまうのに対して、欧米のビジネスマンは搭乗直前まで

携帯電話で打ち合わせをし、シートに腰を下ろすやいなや、ノートパソコンで仕事を始めるのだ、という。もちろん、書類を読みふける人も少なくない。

同じビジネスマン、おそらく、ファーストクラスかビジネスクラスだと思うが、あまりに対照的な光景。しかも、いつもお目にかかることだけに強く印象に残っていた、というわけである。

彼我のビジネスマンがあまりに仕事熱心なものだから、ついつい好奇心が湧いて質問してしまった、という。

「どうして、そんなに仕事するの？」

「家族との時間を大切にしてるんだ。機内で処理できる仕事は片づけてしまう。そうすれば、その分、家族と一緒に食事をする時間だって増えるじゃないか」

この回答には思わず唸ったそうである。

仕事はさっさと片づける。そして、家族との生活を思いっきり楽しむために精一杯働く、というのが彼らのスタイルなのである。つまり、やるときにはやる。とことんやる。こういう集中力があるのだ。

ところが、日本人はあくせく働かない。とくに、人前であくせく働く姿は野暮だ、と考えている。では、いつあくせく働くのかと言えば、これがお尻に火がついたときだけなのだ。早い話が、日本人というもの、本当はあまり勤勉ではないのである。

しかも、たとえ能率は悪くとも、時間の使い方が下手だと言われようが、仲間とわいわいがやがやしているほうが家族と一緒に過ごすよりも楽しいのである。

これだけの違いがあるから、日本人ビジネスマンと彼らとを比較すると、朝に対する意識や朝の使い方、活用法については格段の違いがあるのも無理はない。

いま、世界のトップたちが習慣づけている「ブレックファスト・ミーティング」

以前、イギリスから某金融機関のトップがお忍びで来日したことがある。名前を聞けば、誰もが知っている人物である。

この経営者がいったいどうしたか？

なんと、朝から晩までフル回転なのである。

わたしは知人の金融機関トップから頼まれ、大手新聞社のデスクを同行しなければならなかったのだが、その時間が朝六時である。

これだけ早いと始発にも乗れないから、タクシーで何とか彼が宿泊しているホテルのスイートルーム（正確にはスーツルーム）まで出かけたが、いったい、どこの世界にこんな朝早くからアポを入れる人間がいるだろうか。まったく驚いてしまった。

しかし、面談後に知人に確認すると、「あぁ、彼はいつもそうですよ。六時から仕事を始めるから、われわれが一番の客だったはず。後は数珠《じゅず》つながりで、このまま、夜中までアポが途切れることはない、と思いますよ」とのこと。まったく、肉食のビジネスマンはタフなものだと感心したが、なんとベジタリアンだという。

だが、驚いてばかりもいられない。

その後、欧米のビジネスマンと会うと、たいてい皆、朝が早いのだ。朝から得意先、顧客と商談をしているのである。

しかも、これがお互いに常識になっているのである。

なかには朝食をとりながら、あるいはモーニング・コーヒーを飲みながら商談する、というビジネスマンも少なくないのである。

これを「ブレックファスト・ミーティング」「パワー・ブレックファスト」という

のだ。

「パワーランチ」という言葉をご存じだと思う。これはランチを一緒にとりながら、仕事、商談、会議を進めるものだ。時間のないビジネスマンの間で自然発生した仕事の進め方である。どうせランチをとるなら、仕事の話をしながらすれば一石二鳥、というわけである。

この朝食版と考えていただければいいだろう。

「明日の朝、ブレックファスト・ミーティング、どう？」

「残念ですが、始発に乗っても間に合わないんで、無理ですよ」

片道一時間半もかかっていては、これは無理だろう。日本では通勤時間という事情もあるから、簡単には受け容れられないかもしれない。しかし、首都圏の億ションに住むエグゼクティブには当たり前の風景なのだ。

一度、朝早く起きて、あるいは前日から泊まり込んで、ホテルのコーヒー・ショップを利用してみるがいい。テレビ、新聞、経済誌でしか見ることのない世界の政財界の大物が隣でコーヒーを飲んでいる光景にお目にかかれる、と思う。

アフターファイブだけが〝人脈開拓〟の時間ではない!

「今月のブレックファスト・ミーティングは十日(金)の朝七時半スタートです。ぜひ、お越し下さい。出入り自由ですが、席に限り(二十人限定)があるため、完全予約制とさせていただいております。月一回早起きして、有意義な時間を過ごしてみませんか?」

こんなEメールがよく入る。

実は友人が主宰する朝の勉強会の通知なのである。

こんな朝から人脈開拓と情報交換のための場を仕掛けているのである。まったくあっぱれである。もちろん、主宰者と参加者に向けて申し上げているのだ。

わたし自身、二十五歳からビジネスオフ、とくにアフターファイブを活用して「キーマンネットワーク」という勉強会を主宰してきた。もう、二十年も続いている勉強会である。

今回、この原稿をまとめる際、インターネットで「勉強会」「ビジネスマン」と二つの条件で検索したら、なんと、一番最初に「キーマンネットワーク」と出てきてしまった。どんな勉強会があるのか、誰かに教えてもらおうと考えていたら、もう教えなければいけない立場になっているのかもしれない。

わたし自身は主にアフターファイブに勉強会を開催してきた。月一回の定例会では、ゲスト講師（たいてい、そのときにスポットライトを浴びている経営者）を招いて、その経営観、人生観のエッセンスを披露してもらう。後はお互いをよく知るための情報交換パーティ、名刺交換会という会である。

これはビジネスマンのときからの道楽、まったくの手弁当で行なってきた。

なぜ、アフターファイブに自腹を切ってまでこんな勉強会を主宰したのかと不思議かもしれないが、わたし自身は強烈な自己啓発意欲があったからだ、と思う。

具体的に言えば、頭でっかちで、社会人として人前に出すのも恥ずかしいレベルだという猛烈な反省が根底にあったのだ。これに危機感を抱き、世の中の成功者に弟子入りする。爪の垢《あか》でも煎《せん》じて飲みたい、と願って旗揚げしたのがこの勉強会なのである。

人は人で勉強する。人にもまれて大きくなる。人に学んで目から鱗が落ちるものなのだ。

人との出会い、勉強の出会い、感動の出会いを仕掛けるのは、何もわたしがやってきたようなアフターファイブだけではない。よく考えれば、ビジネスマンが自由になる時間ならば、いつだってかまわないではないか。

「ならば、朝にやったら?」

そうなのだ。出勤前にちょっと寄って勉強してくる。こんなノリでいいではないか。

友人の早朝勉強会もこの趣旨とほとんど同じだ、と思う。

たしかになかには経営コンサルタントが商売のため、あるいはビジネススクール会社が顧客獲得のために、せっせと早朝勉強会を主宰しているケースも少なくないが、友人同様、手弁当で開催しているケースもたくさんあるはずだ。

早朝勉強会だからこそ〝真に意欲ある人〟と巡り合える

「一度、遊びに来てよ。札幌でも熱心に勉強会やってるんだよ。ついでに、一時間くらい講演してくれればもっと嬉しいけど」

三十歳のとき、キーマンネットワークのメンバーである北海道の経営者がチケットを送ってくれて、札幌の勉強会に参加したことがある。終業後、急いで羽田から飛行機に飛び乗ったのだが、その日は勉強会のメンバーである経営者、ビジネスマンたちと深夜まですすき野の夜を堪能したが、彼らとはいまだに交流が続いている。

そのなかのメンバーで、当時、某大手生命保険の札幌支社長を務めていた人（その後、法人部長を経て役員）が帰り際に、こうささやくのである。

「朝五時半にホテルに迎えに行きますから、よろしく」

「はい、はい」と何の気なしに答えたのだが、部屋に戻って時計を見ると、なんと三時半ではないか。あと二時間しかない。これはすぐに仮眠して、シャワーを五時に浴びれば間に合うだろう、と計算して眠りについた。

定刻になると、ちゃんと迎えにくるのである。

「おぉ、起きてるじゃないですか。さすがだねぇ」

はっきり言って、若いからできたのだと思う。いまなら、二日酔いで起き上がれないはずだ。

それで連れて行かれたのが、またまたホテルなのだ。行ってビックリ。朝六時だというのに、スーツ姿のビジネスマンが三十人以上も集まっているではないか。

「これ、何かの会合ですか?」

「うん、これね、早朝勉強会。せっかく札幌まで来てくれたから、いろんな勉強会を案内しようと思って」

「そうですか。それはどうも……」

午前六時になると、まず唱和が始まるのだが、これがまったくわからない。素晴らしいことを言っていることだけはわかるが、何かの宗教団体かと思ったほどである。

それが終わると、「今日のスピーチはお二人です。まず、○○会社の○○さん」と、ある経営者を紹介する。すると、彼は三十分くらいで自分の会社の紹介や経営観、人生観といったものを披露するのである。続いて、もう一人もミニ講演をする。その後はレストランに移って、ブッフェスタイルで会食である。わたしはどうもゲストのようで、あちらこちらでメンバー諸氏に引き合わせていただいたが、あれやこれやで八時半にはお開きとなった。

これが早朝勉強会なのである。これはものすごく刺激的だった。お金もアフターファイブの勉強会と比べてそんなにかからない。しかし、啓発されるところは大だったと思う。

何しろ、こんなに朝早くから勉強しようという方々である。その勉強意欲、自己啓発意欲たるや、半端ではない。まさしく、「勉強の鬼」と言うにふさわしい。

この会でもっとも刺激的だったのは、人を求めている人、良縁を求めている人、少し大げさに言えば、「昨日の自分より今日は一歩でも前進したい」と考えている人は、面白いことにその人自身が良縁を結びつけるキューピッドなのだ、ということがわかったことではなかろうか。

この効能はもしかすると、アフターファイブの勉強会では少々、難しいかもしれない。まして、夜の勉強会では不可能だろう。なぜなら、これらはどうしても酒が入ってしまうし、その後、二次会、三次会というように「遊び」の要素が大きくなってしまうからである。

朝、勉強してから、本格的に仕事に移る早朝勉強会。そこには良縁が良縁を呼ぶ波動があるように思えてならない。

ところで、後日談だが、その後、この会は倫理研究所の札幌支部の会合だったということがわかった。縁というものは不思議なもので、十年後、某教育団体の理事長から、「あなたにぜひ会いたいという人がいるから紹介したい」と引き合わせられたのが、この倫理研究所の理事長である丸山敏秋さんだった。

この研究所では、経営者を対象として週一回「朝の集い」を、全国四百カ所で早朝六時から開催している、という。経営者、ビジネスマンが自らの生き方や会社のあり方を考えるために学び、実践する拠点なのだ。「ときには地元の名士を講師に招き、その道のエキスパートならではの話も聴ける」と言うが、わたしが札幌で参加したのはこれだったのだろう。

早朝勉強会はこの団体だけではない。インターネットで検索すれば、たくさんの勉強会が見つかるはずである。もちろん、全国的な組織もあるし、小さな会だけれども主宰者が丁寧に手弁当で運営する勉強会もあるはずだ。

関心があれば、すぐにアクセスしてみればいい。情報時代とはすぐそこにすべて叶えられる情報ルートがある、という時代なのだ。これを利用しない手はない。

4章

「朝型人間」が〝お金持ちになる〟法則

成功者たちの〝朝飯前にひと儲けする〟知恵

「どうせ一番に出社するなら、朝五時ごろに出社して後は寝ていればいい。二番手、三番手にまわってくるのは余りもののダシガラだけだ」

こう言うのは福富太郎さんである。キャバレー、ハリウッドチェーンで一世を風靡《ふうび》し、また、投資家、浮世絵の収集家という顔も持ち合わせている。福富美術館のオーナーでもある。

この発言は、経営トップや有力者に認めてもらうための行動論として勧めたものである。

何でも、一番が最も目立つに決まっている。ならば、どうせ早く出社するなら、誰もができないほど早く出勤してみろ、ということだ。

実際、彼は若いころ、そうやって上層部の信頼を勝ち得た。

いつも一番に出勤してくるから、熱心な男だと社長が評価してくれたらしいが、実はお金がなくてアパートに帰るだけの足代がもったいない。そこで、店にそのまま泊まっていたのである。ただし、彼はポーズでやっていたのではない。起きたらすぐに店内をぴかぴかに磨く。もちろん、トイレ掃除もする。徹底して、勤勉に働いたのである。

この人が成功した理由は、猛烈な勉強意欲、労を厭わない性格、誠実さ、そして先を読む抜け目のなさがあると思う。忘れてはいけない、いつも笑顔を絶やさない愛嬌は人一倍である。

これらの素質を裏づけるエピソードがある。

彼がまだ二十七、八歳のときのことだ。キャバレー経営をスタートさせて、あまり日も経っていないころである。新橋駅のそばを歩いていると、向こうから邱永漢《きゅうえいかん》さんが歩いてくる。ご存じのとおり、直木賞作家というよりも蓄財の神様、投資の神様といったほうがわかりやすいかもしれない。

この瞬間、さて、どんな行動をとるか。

「有名人だから、遠巻きに見過ごす」という人もいれば、「サインをもらう」という人もいるだろう。

だが、彼はこの人の本はすべて読んでいるほどの大ファン。しかも、いま株式投資を始めようとしている。何とか教えを乞いたい。いや、この人の話を何としても聞きたいと決めた、というのである。

「邱先生ですね」と言って近づいていく。どこの誰だ、と不審な目で見られるのがひしひしと伝わってくる。とにかく、「わたしは怪しいものではない。あなたの本ならすべて読んでいる」と懸命に話した。

「ぜひ、株のことでお話をうかがいたいのですが」

「いいですよ」

ようやく安心してくれたのだろう。「そこの喫茶店で話そうか」と言われたのを、「この先でキャバレーをやってますんで」と自分の店に連れて行くのである。

これはなかなかできない。普通なら、自分がキャバレーの経営者、しかも駆け出しなどと知られたくはないだろう。しかし、この人はすべて自分をさらけ出すのである。なぜなら、自分から胸襟を開いて洗いざらい話せないものが、相手から大切な情報など教えてもらえるわけがない、と心得ていたからだ。

これはやはり、学校で教えてくれる知識ではない、社会でもまれてつかんだ、生きた知恵だろう。

結局、その日は夜中の三時まで身振り手振り、熱を込めて話してくれたという。

その後、さまざまな機会に福富さんを呼んでくれたというのだから、さすがに人物を見る目があったのだろう。もちろん、この人が福富さんの株式投資の師匠となったことは言うまでもない。

このタイミングを狙ったから、難しいアポもとることができた！

実はわたしにも、邱さんとの縁がある。

わたしは昔、出版社に勤務していた。ただし、編集の仕事が嫌いで嫌いで（そのために失敗がとんでもなく多かった）、一年もたずに異動してもらった落ちこぼれなのだが、いま、こうして本を書いたり、雑誌に連載したり、さらには大手出版社のコンサルタントを引き受けるようになるとは、まったく想像だにできなかった。

さて、嫌いでも仕事は仕事。きちんとしなければならない。売れる企画、売れる著者をつかまえなければ、給料泥棒である。

そこで、わたしは邱さんに目をつけたのである。彼に蓄財の本を執筆してもらおうと考えたのだ。

何とか、アポだけはとれたが、この提案はけんもほろろに断られてしまった。

理由は二つ。

「蓄財という企画はもう古い。手あかがつきすぎている」

たしかにそうだ。いまならわかる。ヒットする企画というのは二番煎じではダメなのだ。それでは「失敗はしないという程度にヒットする」というレベルなのだ。「えっ、ウソだろう」というほど、ユニーク、かつ新鮮で画期的な企画でなければホームランは打てない。彼が言下に指摘した理由を聞きながら、「たしかにそうだ」と合点がいった。

もう一つ。

「ボクは書き下ろしはやりません。効率が悪いから」

これにはぐうの音も出なかった。これも、いまならわかる。「書く立場」になれば、たしかにそうなのだ。

説明しておこう。書き下ろしでは単行本の印税収入しか入らない。しかし、これが雑誌の連載ならば、どうか。まず、連載時の原稿料が入る。その後、この原稿を単行本化したときに印税が入る。さらに将来、文庫化されれば、そのときの収入がもう一度ある。一粒で二度、三度と美味しい仕事ができるのだ。

「だから、どこか連載先を見つけてくれたら書いてあげるよ」

将来的には自分の仕事になるとはいえ、ほかの会社の仕事をプロデュースするわけである。しかも、わたしは新シリーズを発刊するチームに抜擢されてしまった。だから、彼の担当を外れることになった。後任の先輩にしても、他誌の仕事など就業中にはできない。

ならばどうするか?

朝か夜しかないではないか。ただし、夕方から夜は編集業務が忙しくて、とても他社を回っている余裕はない。ならば、朝だ。朝を使って、他誌に持ちかけるしかない。

そこで電話でアポをとる。そんなに早く出社する習慣などないだろうに、よく会えると思ったら、なんと徹夜明けなのである。彼らは夜中から朝まで仕事し、その後だからいつでもいいよ、というわけだ。これで何とかセーフ。先輩が頑張った。

それだけではない。投資家としても著名な売れっ子著者である。講演会も大人気だ。そして、彼のスタッフは講演会場で必ず著書を販売するのだ。

「将を射んと欲すれば、まず馬を射よ」である。スタッフの覚えをよくするために、首都圏で講演会があれば、必ず出かけていって著書の販売を手伝ったのである。これが何回か続くと、こちらの誠意も伝わってくる。

ようやく、二つの課題をクリアして、出版へとこぎ着けたというわけである。

わたしは担当を外れたが、なぜか邱さんは贔屓《ひいき》にしてくれて、自宅で行なうパーティに招待してくれ、別名、「邱飯店」として名高い手料理までご馳走してくれた。クリスマスなどは、セーターをプレゼントしてくれたが、わたしはこのとき、初めてカシミアという素材を知ったほどである。

これが一流投資家の〝最も早く情報をつかむ〟法

さて、邱さんは株の世界でも一世を風靡した人だが、株式投資に勝つノウハウは情報をどう入手し、読み解くか、この二つに尽きる。

株の神様と称された是川銀蔵さんなど、情報を入手するためにやっていたことは新聞をくまなく読むことにあったという。もちろん、朝刊である。誰よりも早く起きてチェックするわけだ。

ならば、わたしのように四紙もとっていたか。いや、それどころではない。ありとあらゆる業界紙まで読んでいたのではないかと思うが、実は一紙しか読まなかったのである。

なぜか？

あれもこれも読む時間がなかったからである。その代わり、一紙と決めたら、それを徹底的に読む。記事はもちろん、広告ページからテレビ版まですべてである。すると、思いがけないプレゼントがもらえるのである。

たとえば、「アメリカとイラク　戦争必至！」と騒がれる。このとき、「では、オカモトの株価はまた上がるかも」と、過去のデータを知っている人はすぐに「買い」に入るだろう。

実は湾岸戦争時、オカモトの株価は急伸した。というのも、砂嵐のイラクでは、機関銃は細かい砂で使い物にならなくなる。そのとき、現地で重宝したのがコンドームだったのである。これを機関銃の先につけると、銃弾は発射されるが、砂の進入を防げるというわけで、コンドームが実は軍事品だったというわけだ。

イラクでは生物化学兵器が問題になっていただけに、防毒マスクも注目された。これをつくっているメーカーは、興研（東京都）と重松製作所（同）の二つである。もちろん、新聞報道の後、短期間に株価が五割もアップした。この会社の商品を知っている人間だけが巨万の富を得られたことだろう。

その後、「防毒マスクメーカー株価が急上昇！」という記事が全国に配信されると、株価は元に戻ってしまった。

「戦争必至！」という記事の段階で、すぐに手を打たなければ負けなのだ。これもどれだけ早く情報を入手するか、で決まる。早い話が、どれだけ早起きしたかで決まると言っても過言ではない。

早起きは三文どころの得ではないのである。

「早く起きても株式市場が開いてないのでは？」

たしかにそうだ。しかし、世界中、どこからでも株は買える。インターネットを通じて、「買い」を入れておけばいいのだ。

どど素人から「株の世界に大旋風を引き起こした男」の秘密

株式投資にまったく関心がない人には恐縮だが、バブル崩壊後、マーケットは地盤沈下。株価も地盤沈下。こんなに魅力のない市場も少ない。

だが、銀行金利とリストラ旋風、そして年金破綻危機を考えれば、誰もが将来について不安と不信の念を抱くのは当然のことである。

しかも、金利は百万円預けても、その利子ではＡＴＭで一回下ろせばすべてパーである。

この現実を考えたとき、何だかんだと言っても、やはり株式投資しか資産運用はないと考えるべきだと思う。ついでに株式投資を通じて、経済の仕組みも勉強できる。もちろん、お金も稼げるのだ。

ど素人から半年足らずで株式投資の世界で一躍、風雲児となって注目されている投資家に増田正美さん、という人がいる。

もともと東京工業大学の教授であった。超伝導の世界では世界的な権威である。

この人が株式投資に関心を持ちはじめたのは、定年後である。

「わたしの第二の人生をがらりと変えてしまった」

というのも定年後、国立大学に勤めていた関係上、退職金で国債を買うのが最後の奉公と考え、某大手証券会社を訪れた。

ところが、窓口で「国債よりも株式のほうがお得ですよ」と誘われたのだ。

すると、株式投資の相談係と称する恰幅のいい紳士がのっそりと奥から出てきた。鼈甲《べっこう》の眼鏡をかけ、腕には金ぴかのローレックスを巻き、どこから見てもマネーの匂いぷんぷんの男。なかなかソフトな話しぶりに引かれた、ともいう。

「ちょうどいい。いま大手企業の子会社で、これからの将来性もかなり期待できる銘柄があるんですよ」

当時、ある店頭登録銘柄を強く勧めるのである。右も左もわからない個人投資家にとっては、そんな株式を勧められても判断のしようがない。立て板に水で説明する紳士を信じるしかないではないか。

ところが、これが間違いの元だった。

購入後、日経平均株価は上昇しているにもかかわらず、この銘柄だけが下がっていったのだ。後日、マネー紳士の会社ではこの銘柄に疑問を持ち、「レーティング」を下げた直後だったということが判明した。つまり、専門家にはその銘柄が下がることは先刻承知。早い話が、無知な老人がすっかりはめられてしまったというわけだ。

怒り心頭、復讐の念に燃えた彼は株式理論を猛勉強し、パソコンもマスターするのである。

さて、どんな復讐をしたかと言えば、マーケットで損したものはマーケットから取り戻す、ということである。ただし、もともと夜は弱い。しかも、年齢的な問題もある。情報を入手したり、判断したりするのは朝しかない。

ところが、ここで追い風が吹くのである。それはインターネット取引の拡充である。

インターネットは「朝型人間」のための最強兵器

日本で本格的にインターネット取引がスタートしたのは、日本版ビッグバンの一環で株式売買委託手数料が完全自由化された九十九年十月のことである。

それまで手数料は証券取引所の規則で決められ、どの証券会社でも横並びだった。しかし、自由化で証券会社が独自に手数料を決められるようになると、インターネットを使って手数料を安く抑える証券会社が続々と設立されたのである。

売買代金が百万円以下の場合、手数料は千円以下。自由化前は一万円以上だったから、そうとうディスカウントしたわけだ。

ただ、株式市場の営業時間、すなわち、東京証券取引所で株式売買される時間は午前九時〜十一時、午後は十二時半〜三時までである（大口向けを除く）。この時間帯では、ビジネスマンは仕事の真っ最中ではないか。

「部長、何やってるんですか？」

仕事中に株価が気になっていては、どんな仕事も上の空だろう。会議などしても頭のなかは株価のことばかり。これでは、仕事などできるわけがない。

「いや、ちょっと……」

「仕事に影響が出ないように、ゆっくり銘柄を売買できないかな」

このような要望に対応するために、インターネットを活用した早朝取引がスタートしたのである。取引所が閉まっている時間帯でも取引できるのだ。

いつでも、どこでも株の取引ができるインターネット取引（オンライン・トレード）というメリットである。インターネットさえつながれば、もちろん、早朝でも注文できる。証券会社によって若干異なり、朝五時半から利用できるケースもあれば、八時スタートというケースもある。

いずれにしても、「朝型人間」が株式投資するには朗報である。

ところで、このインターネット取引で、増田さんが推奨するのは「逆指値」というノウハウである。

通常、株取引は株価が安いときに買い、高いときに売るが、ここでは上がれば買い、下がれば売るという戦略だ。

「〇〇円まで上がれば買い」

「〇〇円まで下がれば売り」

ある一定のレベルを抜けて相場が下がったら追随して売りたい、反対に一定のレベルを抜けて上がったら買いたいときに使う指値注文。これが逆指値注文（ストップオーダー）である。

たとえば、次のようなケースを考えてみる。

いま、ある銘柄が株価千円をつけ、チャート上では底（最低価格）をつけたように見える。そこで短時間にかなり儲けられると考え、「買い」を入れたい。しかし、マーケットが開く九時ごろは仕事の真っ最中か、通勤電車のなかというのが現実だろう。かといって、株価は投資家の事情など待ってくれるわけがない。千円以下に下がらない保証はない。

そこで、逆指値を利用するのだ。

すなわち、出勤前に千円で「買い」を入れ、九百九十円で「売り」を逆指値で入れる。つまり、保険をかけておくわけだ。すると、会社に到着したときに、千円以上に値上がりしていた。こうなると、丸儲けである。

もし下落していたとしても、逆指値で売りを入れなかったら大損していたはずである。逆指値のおかげで、最小のリスクで済ませることができるのだ。

だから、逆指値はビジネスマンに人気のサービスである。

ところで、投資について実戦的に勉強したいならば、インターネットで検索してほしい。すると、「早朝資産増大研究会」とか「早朝資産活用勉強会」といった会合が目白押しである。

これらは「朝型人間」のための投資指南だから、チャンスがあれば参加してみるといい。わたし自身、友人が主宰する投資研究会に参加しているが、投資を一切せず、たんに生きた経済の勉強をしているだけだが、それでも十分面白い。

ちょっと早起きすれば、年収を一・五倍にすることだって十分可能！

牛乳を飲んでいる人よりも、牛乳を配達している人のほうがたいていは元気である。

現代人はビタミンが足りないのか、サプリメントがものすごく注目され、また、服用している人も少なくない。わたし自身も愛好者である。ビタミンならば、机の中を探せばAからZまであるのではないかとすら思える。

それだけ飲んでいると、家族から「そんなに健康のことが気になるなら、どうせ、朝早く起きてるんだから、新聞配達とか牛乳配達をしたらどうか？」と提案されてしまった。

そうか、そういう手もあったか。健康と蓄財（というほどのものでもないが）を両立させてしまう裏技である。ただ、わたしのように出張が多いと、毎日、やるというわけにはいかない。

「できるときにする、ということでは？」と聞いたら、そんないい加減なことではダメだと叱られてしまった。

「リストラだ、年金の強制徴収が始まるぞ、デフレで給料激減だ」と、これだけ叫ばれる時代では、お先真っ暗である。この時代、ビジネスマンのなかで年収が増えている人は少ないと思う。たいていの人は、前年同期比でだんだん減っているのではなかろうか。

となると、対抗策として収入の当てを一つではなく、二つ、三つと準備する。これがこれからのビジネスマンには必要ではないか、と思うのだ。

すなわち、副業の勧めである。実際、上場企業のなかにも「副業自由」と社員におおっぴらに勧めている会社もある。少し前なら、まったく考えられない制度である。会社はもうそこまで追い込まれてしまったのだ。

また、社員と会社との関係が、どんどんドラスティックになっているのである。さて、わたしが特派員を務めている新潟県安塚町では、町全体が二足のワラジストたちでいっぱいである。

これは町長の矢野学さんが推進する一芸社員、一芸町民のためなのだ。町民一人ひとりが自分の得意な分野を一つの芸として町に登録し、そのソフトウェアによって、いつでもアルバイトができる。町としても一芸ハンドブックを出版して、「これを覚えたい」というときには、誰に連絡して教えを乞えばいいかがすぐわかる。

もちろん雪国だから、「スキーが得意」という一芸町民は、シーズンになるとスキーの指導員になる。これは町民だけではなく町のスタッフたち、いわゆる役場の人たちも休日にスキー場で指導をすれば、一時間いくらということでギャラが支払われる。

これを応用して、ビジネスマンなら、自宅で塾を開いたらどうだろう。最近の子どもたちは学校よりも塾のほうが勉強の質量ともに密度が濃く、また授業自体も面白いということを知っている。学校では遊びのなかで集団生活を学び、塾では勉強と仲間づくりというスタイルが定着してしまっている。

教える側にしても、真剣に学ぶ姿勢のある塾通いの子どもたちには、学校で教えるよりも教師冥利に尽きるという本音の声が聞こえてくる。

受験勉強など、昔とった杵柄《きねづか》でいくらでも挑戦することができるのではないだろうか。

『僕って何』で芥川賞を受賞した作家の三田誠広さんは、わが子の受験生活時代を通じてつかんだ受験の知恵とノウハウを『パパは塾長さん——父と子の中学受験』として出版までしている。

わたし自身、学生時代、小学生から浪人生までの受験指導をしていた経験があり、息子の受験にもまだまだわかりやすく教えられる。得意科目の英語はいまでも予備校で指導できると自負している。

やりようによっては、「年収の三分の一を副業で稼いでいる」ということも夢ではないのだ。

5章

あなたのマンネリ習慣を大改造する「科学的方法」

成功する人は〝その場で〟習慣を改善している！

成功できる人と成功できない人。世の中にはこの二つのグループにくっきり分かれてしまう。

いったい、どこがどう違うのか。

わたしはいままで、少なくとも三万人の経営者、ビジネスマンに会ってきた。たくさん話をしてきたと思うし、また、勉強もさせてもらった。いまだに雑誌の対談などに引っ張り出されて、経営者やビジネスマンと話す機会が少なくない。

そこで、自分なりにどこがどう違うかを分析してみた。もちろん、たった一言で言えるほど単純なものではない。たくさんの理由、条件、特徴が見受けられる。

だが、あえてたった一つ、これだけは違うということをシンプルに表現すれば、次の一言に尽きる。

「成功できる人はいい習慣を持っているのに対して、成功できない人は悪い習慣を持っている」

補足して言えば、次のようになる。

成功できる人は「これはいい！」と思うことに出合えば、それを習慣化することができ、成功できない人は「これはいい！」と思うことに出合っても習慣化せず、以前の悪弊を、いつまで経っても後生大事にしたままである、ということだ。

どうだろうか。賛成していただけるだろうか。

なぜ、成功できる人は「これはいい！」というものを習慣化できるのか。

それは頭が柔軟だからである。

いや、それだけではない。損得の秤《はかり》が正常だからだ。そう、「これを習慣化したら絶対にいい方向に向かうし、しいては得もする」と判断するからだ。

それだけではない。何より、すぐに行動に移すパワーを持っているではないか。

整理しよう。成功できる人には次のように三つの習慣があるのだ。

①頭が柔軟で、よいことなら何でも取り入れよう、とする習慣。

②どちらが得で、どちらが損か。どちらが善で、どちらが悪かをすぐに判断する、と

いう習慣。

③よいことなら、すぐに行動に移そう、とする習慣。

成功できない人は、これらの習慣を持っていないのか？

すべて持っていない人もいるだろうが、それは希有だと思う。ほとんどの成功できない人は、最後の「行動に移そうとする習慣」だけが欠落しているのではなかろうか。

早い話が「わかっちゃいるけど、やめられない」ということなのだ。

これを医学的には「生理機能分裂」というのだが、頭で理解したことが行動に移せず、まして習慣にならないのだから、成功などできるわけがない。もし、これで成功したとしたら、それは成功するほうがおかしいのである。

だから、成功グループから失敗グループを見ると、「あの人たちは失敗するために懸命に頑張ってるね」というように感じているはずである。

〝かけたエンジンをすぐ止めるクセ〟は致命傷に…

もちろん、「朝型人間」も習慣のなせるわざである。ところが、「朝型人間」になれない人もいる。

理由はさまざまだ。

「夜の仕事だから無理だ」

これはしかたがない。警備の仕事やホスト、ホステスといった水商売、あるいはタクシーの運転手さんなどは、夜が稼ぎどきだから無理もない。

だが、そうではないのに「朝型人間」になれないと踏ん張っている人が少なくないのだ。

「どうも、早起きは苦手でね」

「寒いときなんか、温かい布団のなかが最高。それを早起きして、いったいどこが得なんだ」

いったん起きたのに、「あと五分、寝られるな」と目覚まし時計を止めてしまう。「二度寝」である。

実はこれは、生理学的にも身体に悪影響を与えることが知られている。身体がぼうっとしてしまうのである。一度、かけたエンジンをすぐに切ってしまうことに似ている。これでは車が故障してしまう。人間も同じである。

「もう三分このままに」「もう一分だけ」「あと十秒頼むよ」と踏ん切りが悪い。「春眠暁を覚えず」と言うけれども、一年中、暁を覚えない（覚えたくない）人がたくさんいる、ということがよくわかる。

それが証拠に通勤電車は超満員ではないか。もし、十分でも早く起きれば、いままで述べてきたように空いた車内で新聞をチェックしたり、好きな小説を読んだりすることだってできるのだ。にもかかわらず、わかってはいるけれども、絶対にしないで、満員電車でスーツはくしゃくしゃ、身体はグッタリという毎日を送っている、というわけである。

どうせ起きるなら、すんなりさわやかに起きたい。嫌々起きるのは精神衛生上よくないし、正直言って辛い。

貝のように布団にくるまり、普通の目覚まし時計では起きられない。そんな人でも、明朝から「朝型人間」に変身できる方法があるのである。

次にわたし流の方法をご紹介しよう。

「朝型人間」に生まれ変わる5つのプログラム！

①自分を追い込む

わたしは結婚するまで独身寮に住んでいたが、毎朝、四キロのジョギングが日課だった。雨が降っても飛び出していたから、ほとんど中毒状態だったと言っていい。このとき、目覚まし代わりを務めたのが、中島みゆきの『悪女』だった。

当時は五時半起床だったから（いまのほうがもっと早い）、この時間になると自動演奏がスタートする。この音楽が終わるまでに着替えるのだ。

何に？

ジョギングウェアである。

当時はこれでしっかり起きられたが、よく考えてみると、独身時代でもあったため、ジョギングをしないとスリムなスタイルが維持できないという、低次元だが極めて現実的な問題があったから早起きもできたのだろう。

実はこれは大きい。自分のスタイルも気にかけなくなっては、完全なオヤジである。オヤジというのは、年齢にはあまり関係ない。

「面倒くさい」「君、やっといて」「疲れるから止めようよ」という言葉が口グセになったら、もうオヤジである。「こんなに早起きするの、面倒くさいよ」「ボクの代わりに、君、早く起きたらいいんじゃない?」「早起きは疲れるから、もっとゆっくりさせてよ」……これでは「朝型人間」にはなれない。

さっと起きられるかどうか。実は朝の起床スタイルで、決断型リーダーになれるかどうかがわかるのである。

「そんなことはない!」

いや、あるのだ。それが証拠に、たとえば出張先で上司とホテルに宿泊したとしよう。こんなときは、普段はどんなにぎりぎりまで寝ている人間でも、少し早く起きようと努力するはずだ。それはとりもなおさず、「ダラダラ人間」ではリーダーにはなれない。「さっさと、すっきり人間」がリーダーの条件だ、と自覚しているからである。

ビジネスは戦争である。戦地でゆっくり寝ているような人間では勝てないではないか。

②逃げられなくする

これは①「自分を追い込む」ということに関連するが、ビジネスマンとして絶対に逃げられない環境に自分を置いてしまう「ショック療法」である。

要は重要な仕事、キーマンとの面談、出張の際の飛行機や新幹線などの予約を朝一番の時間に入れてしまうのだ。

これは逃げられない。這《は》いつくばってでも行かねばならない。ビジネスマンとしての最低常識である「約束を守る」ということをしっかり認識している人ならば、極めて有効である。

③エンジョイできる部分を見つける

可愛い「アイフル犬」を散歩に連れて行く、恋人との早朝デートなど、いろんな手がある。わたしはビジネスマン当時、会社近くのスポーツクラブに朝から通って、風呂代わりに使っていた（夏など、ランチを抜いて通って涼をとっていた）。これが楽しみで早朝出勤していた時期もある。とにかく、「朝が楽しみだ！」と思える方法を自分なりに考えてみてほしい。

④家族とのコミュニケーションに生かす

「低血圧で朝が弱いんだ」と言い訳しても、実際に血圧を計ってみると〝正常〟という人が少なくない。不機嫌な顔のまま起きてしまうと、本人はともかく、家族に悪影響を与えてしまうのも事実である。ブスっとした顔で「おはよう」と言っても、子どもも返事などしないだろう。

早起きとは仕事のためというより、その日、家庭で一番最初にするアクションなのだ。忙しいビジネスマンならば、もしかするとこの朝しかコミュニケーションする時間がない、というケースも少なくないだろう。

弁護士の兄など、クライアントから相談があると、多忙のために夜のクラブに呼んでまで仕事をしている。ほとんど毎日、午前様に近い。

だが、朝七時になると起きて家族とともに食事をとるようにしていた。子どもたちが学校に出かけると、また少し寝るという「二度寝」の常習犯、確信犯だったが、そうでもしなければ、子どもとのコミュニケーションが皆無になってしまうからである。苦肉の策と言っていいだろう。

⑤出勤までのプロセスを短縮化する

起床時間は早くはないが、起きてからダラダラせず、あっという間に出勤できるというプロセスを考える。これは次に詳述したい。

「起床」から「出勤」までを最短で処理する法

独身ならば、シャワーも洗面も、トイレも自分の勝手気ままだが、家族が何人か集まっていると順番競争で朝から険悪な関係にならざるを得ない。これでは電車のみならず、家のなかでもラッシュアワーに巻き込まれてしまうことになる。

それを避けるためには、時間差攻撃。とくに彼らより早起きするしかない。

さて、問題は起きてからだ。ここで鈍行列車のようにダラダラしていれば、急行、特急に追い抜かれるのは必至である。いったい、どんな段取りならばスムーズに家を出られるのか。

①起床と同時にシャワーを浴びる

これは風呂でもいい。タイマー・セッティングで簡単である。これなら寝起きでボサボサの髪の毛も簡単にセットできる。歯磨き、髭《ひげ》剃りも風呂に浸かりながらできる。これで顔を洗うプロセスをカットしてしまう。

身体もポカポカしているから、冬でも自宅を出るまでエアコンがいらない。

シャワーの場合でも段取りがある。たとえば、髪を洗ってから、身体を洗い、そのとき、つけた泡で髭を剃る。最後に洗い流せば、最短時間で完了だ。

②髭剃りは電気剃刀《かみそり》がいい

風呂もシャワーも使わない場合は、電気剃刀のほうが便利。なかには、電車内で髭をあたっている人をときどき見かけるが、これは止めておいたほうがいいだろう。

③新聞はラジオとテレビで聞く

要は「ながら族」を決め込んでしまえばいいのである。朝食を食べながら、耳だけテレビに傾けてもいい。

④スーツ一式は一週間分決めておく

ビジネスマンのユニフォームはスーツだが、これはクリーニングした後に上等のハンガーにスーツ本体とシャツ、ハンカチそして靴下、ネクタイ、ベルトを一緒にしてまとめておくといい。形状記憶ワイシャツなども、多忙のビジネスマンにとっては格好の商品だ。わたしは毎日、スーツと靴を替えたが、そのほうが長持ちする。

⑤玄関には小物入れを置く

玄関には小物入れ用に五段ボックスがある。高さ、横幅、奥行きともに二十センチ、つまり立方体のボックスが五つの棚で仕切られている。この棚にハンカチのスペア（私はつねにハンカチを三枚以上持ち歩く）やペン、時計、鍵、財布、定期を入れる。

⑥朝食は全部用意できてからとる

自宅で朝食をとる人も少なくなっているが、ひとり者の場合は会社近くのファストフードのほうが時間的に有利だからだろう。家庭があれば、ぜひ朝食は一緒にとりたい。

「朝の自己啓発」が生んだ、この勝ち組人生！

出勤前の早朝に「仕事」や「自己啓発」を他人より先んじてやってしまうということは精神的に余裕が生まれるだけではなく、このつみ重ねが後で大きくものを言ってくる。

知人の新　将命《あたらしまさみ》さんのビジネス人生を見ていると、朝飯前に行なうわずかな勉強の積み重ねがどれだけパワフルなのかを思い知らされる。

新さんは大学を卒業すると、シェル石油に入社。その後、コカ・コーラ、ジョンソン・エンド・ジョンソン、日本フィリップス、日本ホールマーク、といった外資系企業に、経営者として次々にヘッドハンティングされた人物だ……と紹介すると、最初からスーパー・ビジネスマンのように錯覚されるが、そんなことはない。

彼にとって「朝の自己啓発」は真剣勝負で、これあればこそ、その後、名門企業のトップに続々とスカウトされ続ける勝ち組のビジネス人生を歩めたのだ。

彼が「夜型人間」だったら、まさか、こうなってはいなかったはずである。

完璧な「朝型人間」だから、夜はさっさと帰る。接待でも、朝に悪影響を及ぼすような飲み方などしない。ここが「朝型人間」の特徴であり、メリットだ。毎朝五時に起きて英会話の予習、復習をする。片ときも英語のCD、DVDを離したことがない。映画やスピーチで仕入れたスラング、洒落た表現は出社すると、すぐにネイティブ相手にトライする。

英語マスターのコツは、実はここにあるのである。

なぜか。

言葉というのは、すぐに使えば覚えられるのだ。使わないから、いつまで経ってもインプットできないのである。言葉の不思議、魔力がそこにはある。

新さんは、この習慣をいまでも続けている。参考までに、夜、寝るときにも外国映画のDVDをつけっぱなしにしているというのだから徹底している。

新さんまではいかなくとも、ちょっとしたアイデアで誰でも朝飯前にひと仕事できるようになれるはずである。これならできる、というノウハウをご紹介しよう。

①ベッドをデスクに変えてしまう

寝たままひと仕事してしまおうというわけだ。わたし自身もよくやるが、寝る前に翌朝、調べるべき参考文献とラインマーカー、付箋を置いておく。朝になると、パジャマ姿で文献をめくり、付箋をはさんでしまう。別に、デスクできちんとやらなければいけないわけではない。能率が上がれば、どんな方法でもいいのだ。

ベッドに移動式デスクをセットしてもいいだろう。目覚めのコーヒーを飲みながら、ベッドでひと仕事。なかなか、乙なものである。

②ビデオをフル活用する

新さんもそうだが、テレビ、ラジオ、ビデオ、CD、DVDを活用して情報をこまめにインプットする人が少なくない。わたしなど、せっかく収録しても見なかったりするから、あまり威張れた立場ではない。

前夜、収録したものを翌早朝にチェックしてもいいではないか。最近は倍速、三倍速でもきちんと見られるビデオ、DVDがあるから、時間的にはこちらのほうが、かなりお得である。

③入浴しながら本を読む

知人の女子大教授が『風呂の中で読む古典シリーズ』を出版しているのだが、これは水に浸けると文字が浮き上がってくるという仕掛けだ。幼児用の水遊び道具にそんな商品があったようだが、「そんな横着な人間がいるんですかね?」と聞かれると、「それが受験生や中年ビジネスマンに大受けなんだ」と自慢していた。

受験生の場合、風呂のなかでもこまめに勉強するのは理解できるが、ビジネスマンが「朝の読書」として活用しても面白い。

風呂はトイレと並んで誰にも邪魔されず、ゆっくりできる場所でもある。心身ともにリラックスし、α波がぶんぶんみなぎっているはずだから、右脳がビンビン高速回転して発想も豊かになるかもしれない。

④風呂から電話セールス

風呂のなかでもかけられる防水電話がある。携帯電話もある。これなら風呂から電話セールスしたり、部下に指示を出すことも可能である。

というのは、以前、早朝サウナに入っていたら、本当に防水のケータイを使って大きな声で指示を出している物騒な人がいた。これも朝のタイム・マネジメントとしては格好のアイデアである。

夜遅く寝ても、無理なく早起きができる超短眠法！

「朝型人間」になれない理由の大部分は、「夜が遅いから」と「睡眠時間が短くなるから」ということだろう。

結論は一つ。

睡眠時間が足りなくなるほど、夜遅くまで起きているほうが悪いのだ。だが、それでは寅さんではないが、「それを言っちゃおしまいよ」である。

夜遅くまで起きている人でも「朝型人間」は少なくない。もちろん、睡眠時間が短い「朝型人間」もいる。

たとえば、次の人物はどうだろう。

「わが辞書に不可能はない」と言ったのはナポレオンであるが、彼は「ほとんど寝ていない」ということでも知られている。また、「一日三時間しか寝ない」と豪語したのは発明王のトーマス・エジソンである。

だが、これらはいずれもウソである。

彼らはまとまった睡眠時間をとらなかっただけで、実はこまめに寝ていたのだ。たとえば、ナポレオンは馬上で、エジソンは研究室でという具合である。ここで二十分、あちらで三十分と「うたた寝」をしていたわけである。言ってみれば、「つぎはぎ睡眠」ではないか。

しかし、この「うたた寝」「つぎはぎ睡眠」は目から鱗の「短眠法」なのである。短眠法とはどんなに睡眠時間が短くとも、まったく平気、仕事に影響を与えない睡眠法である。

「そんなことしてる人、本当にいるの？」と驚くかもしれないが、いるのだ。わたしの友人のなかにも短眠法を実践している人間が二人もいた。

一人はウィークリー・マンションで一世を風靡した川又三智彦さんである。

彼は大蔵省銀行局（当時）の悪行政、あの名高い「不動産業界への総量規制」による最大の被害者であるが、すべての資産を放り出してゼロから復活を遂げている。かつての「ヨンヨン・マルマル・ワンワンワン」というテーマ音楽は外資系企業に譲り、いま、また新しいブランドで業界に旋風を巻き起こしている。

軽自動車をオフィスに改造し、どこでも仕事ができるようにするなど、稀代のアイデアマンだが、自分の健康と仕事の能率を考えて一日三回、こまめに睡眠をとっているのだ。

「日に二回は昼寝をします。社長室にもいつでも横になれるよう、小型ベッドが用意してあります。まず、昼食後三十分。次にスケジュールが落ち着く午後六時半から三十分。この睡眠で夜遅くまでスケジュール表の整理をしても大丈夫です」

彼は隙間時間にこまめに休息をとることで、夜から朝にかけての睡眠時間はほんの少しでも大丈夫、と言う。これも長年の習慣がなせるわざだろう。

人間が集中できる時間は、せいぜい一時間程度しかない。わたしなど、集中力がないからせいぜい十分である。

彼のように日に三回リフレッシュすれば、集中力が三回、蘇ることになる。つまり、人より三倍の集中時間を持つことができるわけだ。この睡眠方法は、忙しいビジネスマンには参考になると思う。

もう一人は我究館代表の杉村太郎さんである。

もともと住友商事のビジネスマンとして、商社マンと歌手（その名も「シャインズ」。

もちろん、「社員ズ」というわけ）、さらには作詞作曲という「三足のワラジ」を履いて世間を騒がせていた。損保会社に転職後、学生たちの就職アドバイザーとして独立。会社をマネジメントしながら、ハーバード大学のケネディ・ロースクールで勉強し、同時並行的に学生への就職指導、企業の採用面接、研修のコンサルティングからビジネスマンの自己開発、自己実現セミナーを切り開くなど、この人事採用、教育分野では第一人者として高く評価されている。

彼も「朝型人間」であり、「睡眠は量ではなく質だ」と断言する人間だが、彼の休息方法は、インド放浪時代につかんだヨガのノウハウに多分な影響を受けている。たとえば、一日のなかでちょっとした隙間時間を見つけると、アイマスクをしながらオフィスで「昆虫の死骸」というポーズをとるのだ。「こうすると、すっかり緊張がとれ、完全にリフレッシュできます」と言う。

彼にすれば、寝るのではなく死ぬ。起床するのではなく蘇る、ということだろう。

これだけメリハリがあるからこそ、一日二時間、三時間睡眠でもまったく平気だ、と胸を張れるのである。

睡眠時間がないから「朝型人間」にはなれない、と言い訳している人には、ぜひとも彼らの短眠法をマスターしてもらいたい。

あなたは「2万時間」を無駄にしていないか!

朝、朝、朝とビジネスマンにとって、朝の使い方にはたくさんのアイデア、ヒントがある。

しかし、朝というのは平日だけに訪れるものではないのだ。休日にもちゃんとやってくる。週休二日制の会社に勤めていれば、七分の二は休日の朝を迎えることになろう。これに夏休み、盆と正月、さらには有給休暇などを入れれば、ざっと一年の約四割が休日ではないか。

一年の四割は休日の朝なのだ。

さて、この休日の朝をいったいどう使うか。これは大問題である。

「休日くらいゆっくりさせてくださいよ。昼ごろ、ようやく起きるかな」

「ボクも休日に寝だめするタイプだから、とことん遅いですね。夕方まで寝てることもあるくらいです」

これを称して「平面生活」と言うのである。どうして、平面か。寝てばかりで立たない。平面にどっぷり浸かっているからである。

ちなみに一年の四割とは約百四十六日である。これがどんな数字かというと、こんなことになる。

たとえば、あなたが二十二歳で就職してから六十歳の定年を迎えるまで、ざっとつもりつもって五千五百四十八日にもなる。少なく見つもっても、約五千日である。いったい、この間、朝から昼まで寝ている人が失う時間はどのくらいになるのだろうか？

平日なら朝六時に起床していた人が、午前十時に起きるとしよう。この差は四時間である。

四時間×五千＝二万時間
なんと、二万時間も寝すごしている、というわけだ。このまま電車で寝すごしていたら、地球を何周できることか。

「これだけあれば何でもできるぞ」と感じないだろうか。

家族との語らいや娯楽。これはいい。

だが、この二万時間もの貴重な時間を寝て過ごしたり、ぼうっとテレビを見て過ごすだけでは、あまりにももったいないのではなかろうか。

わたしは「休日の朝」を、こう使っている！

わたし自身、休日はいろんな活用をしている。

たとえば、先に記した新聞、雑誌などの情報整理がそれだ。一週間分の情報を休日にすべて再チェックしているのだ。

それは平日につけた、「ここを切り抜く」印をチェックするだけである。朝刊だけだから、一週間分の情報処理などあっという間である。各紙が対照的に読めて面白い。時系列的に読んでいくと、ある出来事が、その後どういう展開を見せたのか比較できる。

最初はかなり大きなインパクトのある内容だったのが、徐々に尻すぼみになっていったり、逆に小さい記事がその後、政財界を揺るがすような大スキャンダルに発展したりすることもあった。

情報は生物で旬であるうちが美味しい。腐ったらただの生ゴミである。だが、一週間というスパンで考えると、ニュース価値はなくなっても、企画や発想という観点から見ると貴重な資料なのである。

だから、わたしは購読雑誌、新聞は休日にアンテナに引っかかるものをカッターで切り抜いて分類別の二十五段式透明ファイルボックスに放り込んでいる。従来は十段式だったのだが、あまりにも大ざっぱなので、少し細分化したということである。

参考までに、この分類は経営論、ビジネス、経済、マーケティング、マネー、文学、落語など、多岐にわたっている。多岐にわたっているという意味は、わたしの関心が放射線状であり、いまだに集中できていないということだろう。

これを反省するか、それともまだ完成していない「未完の大器」と思い込むか、いま迷っているところだ。

新聞の切り抜きで休日が終わるわけではない。

実はわたしは休日に必ず席亭を訪れ、好きな落語三昧《ざんまい》に耽っているのである。ただ、「ぼんやりと笑っている」と思うかもしれないが（たしかにそうなのだが）、実はこのとき、メモ帳を忘れたことはない。

というのも、噺家《はなしか》の「まくら」を聞くと面白いだけではなく、わたしにとって出版企画、事業企画などが次々に浮かんでくるのである。それればかりか、講演やスピーチをするときの参考にもなるから、さしずめ、席亭はわたしにとって企画の宝庫、アイデアの泉と言ってもいいだろう。

友人に落語家や席亭も少なくないから、終わるとそのまま話し込んでしまう。これがまた、楽しい。実際、後日、仕事になってしまうからさらに楽しい。こんなに遊んでいて、結局、後で仕事にしてしまう。こんな罰当たりなことをしていていいのだろうか、と恐縮に思うほどである。

それだけではない。休日に若手ビジネスマンが勉強会をするとき、講師として参加し、ここでも楽しませてもらっている。わたしの報酬は彼らとの情報交換である。だから、わたしはたくさんの質問をさせてもらうことにしている。講演中も講演後も彼らには質問攻めだ。

だが、こうして若手ビジネスマンの悩みや課題をいつもつかんでいるのである。でなければ、これだけバラエティに富んだ多くのビジネス書など出せるわけがない。

また、ここだけの話だが、わたしは町の探検、商店街の研究がライフワークなのである。大学ではマネジメント論を指導しているが、本当に得意とするのはマーケティングなのである。

しかも、商品企画や企業のマーケティングよりも商店街、町のマーケティングが得意なのだ。実際、先に述べたように自治体の顧問もしているし、かつて、バブル時代に箱モノだけつくってまったく町を殺してしまった「町おこし」の再活性化も手伝っている。

だからこそ、休日には首都圏を中心に全国の町、商店街をフィールド・ワークしているのである。フィールド・ワークと言っても、「地元の焼鳥屋、飲み屋に出没してるだけじゃないか」と言われそうだが、これでも、わたしにとって貴重な二万時間である。わたしの頭のなかでは、一応、「研究」ということになっているのだ（ホームページの「B級グルメ・コーナー」を見れば、ばれてしまうが）。

成果はもう少し見なければ出てこないのが残念だが、この時間自体を十分楽しんでいるから、後悔することはまったくない。

このわずかな時間を積み上げれば、どんな技術も磨くことができる！

わたしは以前、著書のなかで「一万時間の不思議」「一万時間の魔力」について語ったことがある。

この一万という数字はマジックナンバーで、多くの有識者から不思議なパワーについて教えられた。その著書と縁のなかった読者のためにポイントだけ教えておこう。

たとえば、将棋の棋士の米長邦雄さん、谷川浩司さんである。

米長さんは中学から高校までの六年間に、将棋の勉強を毎日五時間やったという。時間にして一万時間である。谷川さんは五歳で将棋を覚え、中学二年生でプロ（奨励会の四段ということ）になるまでの九年間、一日三時間は将棋に取り組んだと言う。これも一万時間である。

棋士ばかりではない。多摩大学学長、ＵＦＪ総研理事長、ソニー社外取締役の中谷巌《いわお》さんも同じことを述べていた。

たまたま対談する機会に恵まれ、ひょんな話から一万時間という話題が飛び出たのだが、それは彼が学者としてプロになれると悟ったときが、ちょうど一万時間、学問を追究した結果なのだ。

「一万時間やれば、絶対、その道のプロになれると思う。これは断言してもいい。五千時間、いや三千時間でも会社や業界で、その人あり、と評判のスペシャリストになれるだろう。たとえ千時間、いや、五百時間でも一目置かれるはずだ」

たしかにそうだ。同感である。

よく考えてもらいたい。一万時間と言えば、二万時間の半分。すなわち、五十五歳ではなく、四十歳のときにたどり着く時間ではないか。このときにその分野で「一流の人材」と評価される人物になっているか、それとも、「ずっと寝だめに使っていたものですから、何の取り柄もありません。ただのサラリーマンです」となるか。

いったい、どちらが得か、考えてみてはどうか。

そして、ぜひここで思い起こしてもらいたいのは、成功できる人と成功できない人との違いなのだ。

本章の冒頭で、わたしはこう述べたはずだ。

「成功できる人がいい習慣を持っているのに対して、成功できない人は悪い習慣を持っている」

さらに補足もしたはずだ。

「成功できる人は『これはいい！』と思うことに出合えば、それを習慣化することができ、成功できない人は『これはいい！』と思うことに出合っても習慣化せず、以前の悪弊を、いつまで経っても後生大事に習慣にしたままである」

あなたは成功できる人になりたいのか、それとも成功できない人になりたいのか。

いったい、どちらを選ぶ？

「朝型人間」だけに約束されている〝無限の可能性〟！

面白いことに、休むときは休む、仕事をするときは仕事をするという「メリハリ派」に多いのが「朝型人間」なのに対して、逆に、平日、休日も関係ないという「ダラダラ派」には「夜型人間」が多いようである。

さて、ビジネスマン時代を振り返ると、仕事のできる人にはメリハリ派が圧倒的だった。

たしかに土、日も出勤して仕事をするビジネスマンも少なくなかったが、これがたいてい能率が悪いダラダラ派だったのである。仕事の能率、効率が平日の五日間ではカバーできない。だから土、日にも出てきて、その分をリカバーせざるを得なかった。わたしなど、その典型である。

そんなに頑張って、結果どうなったか。

それが得意先を訪れても、新聞からしか情報がないから、挨拶が終わっていざ仕事となっても、まったく説得力がないのだ。

教養の欠如、雑学の欠如、幅の狭さ、底の浅さという短所が根本的に改善できないから結果は思わしくない。そのため、またまた休日出勤して頑張ろうとする。これでは悪循環である。しかし、当の本人はまったく気づくはずもない。

「これだけやってるんだから、いまに成果があらわれる」

「とにかく忙しいから、立ち止まって考えてる暇なんてないさ」

ひと昔前なら、そんなビジネスマンに敢闘賞や努力賞が与えられたかもしれない。

だが、現代ではナンセンスである。

会社の電気代まで倍以上使って成果がその程度なら、「これは適性がない」と判断するのが当たり前だ。若手社員から見れば、「あんな人の部下や後輩になったら、同じことを強制されるに違いない」と戦々恐々とするだろう。

成功できる人は、平日とはまったく違う生き方を休日に行なっているのだ。とくに、休日でなければできないことをすべきである。

たとえば、同好の仲間と研究会を開催したり、議論する場をつくってもいい。有意義な映画や舞台を見たり、聞いたり、人に会ったりする。語学を徹底的に学ぶ、小説を書く、自分のビジネス体験をベースに実務書をまとめる。そういう行動に出てもいい。

教養、雑学、情報は多ければ多いほど話題に富み、また会いたいと高く評価される一つの基準になるはずだ。ビジネスの世界でも即効性はおおいに期待できるだろう。二日もあれば、遠出だってできる。情報収集のために旅に出てもいいではないか。ライフワークの政治活動、ボランティア活動にいそしんでもいいだろう。わたしの知人にもいる。サラリーマンが十年かかって、地元選出の代議士になった。たいしたものである。

何と言っても、二万時間である。使い勝手はある。遠大な計画を立ててもいいではないか。

いったい、この時間をどう使って、何を生産したいのか？

何に投資をして、どう回収しようと思うのか？

何を勉強して、どう生かすのか？

目線を遠くに投げ、ゴールを比較的、遠くに置き、ロングスパンで計画を立てる。

たとえ、朝の一時間、二時間といえども、塵も積もれば山となる。自分の付加価値をとことん高めるために、この二万時間を有意義に使おうではないか。

（了）

本書は、本文庫のために書き下ろされたものです。

中島孝志（なかじま・たかし）
東京都出身。早稲田大学政治経済学部卒、南カリフォルニア大学院修了。企業を数社マネジメントするかたわら、経営コンサルタント、経済評論家、ジャーナリスト、大学・ビジネススクール講師、テレビコメンテイターなど、多彩な顔を持つ。また、経営者、ビジネスマンの勉強会「キーマンネットワーク」「原理原則研究会」を主宰。
主な著書に『伝える技術 わからせる技術』*『巧みな質問ができる人 できない人』*『巧みな説明ができる人 できない人』*『「問題解決」ができる人 できない人』*『巧みな提案ができる人 できない人』『仕事ができる人の質問力』、訳書に『あなたはガルシアに手紙を届けられるか？』（以上、三笠書房刊 *印《知的生きかた文庫》）など多数がある。
http://www.keymannet.co.jp
e-mail：nakajima@mwa.biglobe.ne.jp

知的生きかた文庫

「朝型人間《あさがたにんげん》」の成功哲学《せいこうてつがく》

著　者　中島孝志《なかじまたかし》
発行者　押鐘冨士雄
発行所　株式会社三笠書房
郵便番号一一二-〇〇〇四
東京都文京区後楽一-四-一四
電話〇三-三八一四-一一六一〈営業部〉
〇三-三八一四-一一八一〈編集部〉
振替〇〇一三〇-八-二二〇九六
http://www.mikasashobo.co.jp
印刷　誠宏印刷
製本　宮田製本

Printed in Japan
ISBN4-8379-7352-3 C0130